用文字照亮每个人的精神夜空

领读文化传媒
LiNGDU Culture & Media

微信 | 微博 | 豆瓣　领读文化

中国的水神

黄芝岗 著

吉林人民出版社

图书在版编目（CIP）数据

中国的水神/黄芝岗著.——长春：吉林人民出版社，2022.10
ISBN 978-7-206-19590-7

Ⅰ.①中… Ⅱ.①黄… Ⅲ.①神话–研究–中国 Ⅳ.① B932.2

中国版本图书馆 CIP 数据核字（2022）第 178093 号

出 品 人：常　宏
选题策划：韩志国　领读文化
责任编辑：崔　晓
装帧设计：UNLOOK unlook-guangdao.com

中国的水神
ZHONGGUO DE SHUISHEN

著　　者：黄芝岗
出版发行：吉林人民出版社（长春市人民大街 7548 号　邮政编码：130022）
咨询电话：0431-85378007
印　　刷：北京金特印刷有限责任公司
开　　本：880 mm × 1230 mm　　1/32
印　　张：7.25　　　字　　数：130 千字　　　图　片：31 幅
标准书号：ISBN 978-7-206-19590-7
版　　次：2022 年 10 月第 1 版　　印　　次：2022 年 10 月第 1 次印刷
定　　价：58.00 元
如发现印装质量问题，影响阅读，请与出版社联系调换。

出版说明

　　20世纪初,正处于从传统社会向现代社会转型期的中国,对传统文化的挖掘逐渐走向深入,也渐次出现了以中国古代神话为研究对象,并涉及神话的性质、内涵、价值诸方面的专论,进而产生了对中国神话学的研究。茅盾、顾颉刚、闻一多、芮逸夫、马长寿等知名学者的许多著作就是这一时期中国神话研究的重要成果。而这本《中国的水神》也是其中一种。

　　这是一部研究中国水神神话的专著。书中广泛辑录了历代小说、文人笔记、地方志以及民间传说中关于水神的资料,对流行于全国各地的水神传说,特别是围绕着杨四将军(二郎神)神话的产生、流传和演变情况进行了梳理钩沉,在丰富的神话史料的基础上,对中国水神神话的历史面貌进行了缜密的科学考证,且旁及民间治水措施及民间习俗。本书对水神神话的研究和探讨具有多学科的参考价值。

　　作者黄芝岗（1895—1971），原名黄德修，又名黄衍仁、黄素、黄伯钧。湖南长沙人。戏曲史家、民间文学研究家。曾参加南国社、中国自由运动大同盟、中国左翼戏剧家联盟、中国左翼作家联盟，并为中国左翼作家联盟发起人之一。抗战时期在重庆从事戏剧文学运动，胜利后任教于南京国立戏剧专科学校。1949年后，历任文化部戏剧改革局研究处处长、中国戏曲研究院学术委员会委员、中国民间文学研究会理事等职。在神话研究方面的主要著述有：《中国的水神》（1934）、《论山魈的传说和祀典》（1937）、《大禹与李冰治水的关系》（1942）。

　　本书由生活书店首次出版于1934年2月，发行后，茅盾先生曾在当年专门写下《读〈中国的水神〉》一文，对本书的研究方法予以高度赞赏。上海文艺出版社曾于1988年将其收入"民俗、民间文学影印资料丛书"。

　　此次出版，依照初版，保留原貌，仅对书中数字、标点符号的用法，在不影响原文语义的情况下，做了必要的规范；书中所提地名、行政归属屡有变更，有些一时难以查考，故一仍其旧；初版中原有七幅插图，因年代久远无法修复，故做如下调整，删去"滟滪大如马，瞿塘不可下""离堆一（上有伏龙观）""离堆二（乌尤山）""灌县二王庙"四幅，保留并优化图像相对清晰、图注完整的"晏公""巫支祁像""日人佐佐木信网氏藏'清代杂剧扮装图'"三幅，并增配新图，以丰富内文。

特此说明。

者是属于纯粹"神话"的范畴,而后者乃属于"传说"的范围,虽然神话和传说的界限往往不大分得清。

依第一路——或者说第一步骤,我们将要搜剔出中国民族原始的宇宙观、宗教思想、伦理观念、民族历史最初期的遗形,对于自然界之认识等等。我们说"中国民族原始的宇宙观……"云云者,就是指中国神话的"原形",没有后世的方士们的思想掺杂在内,也没有混淆了更后的变形的佛教思想。例如关于"幽冥世界"的传说,现在民间流行的,是佛教的话头加上了少些的中国本来有的"多神"思想;但在《楚辞》中,尚有中国"幽冥世界"神话的断片,我们知道那所谓"幽都"的主者叫做"后土",而"幽都"门口的守门人叫做"土伯",据说是"其身九屈",老虎头,三只眼,有一双利角。(《招魂》)我们可以相信中国最初的"幽冥世界"的神话就是这样。

但是方士思想所形成的"次"神话既已成为广泛而深入的民间传说了,我们就不能摒弃它;这是中国"传说"(Legend)的主要材料。然而采用这些材料,有一条件,即必须罗列诸相类似的关于一事的传说为一"传说的集团",从而比较其异同,探究其根源,却不能随便抓住了一个"传说"遽以为代表,像威纳先生那样的办法。

做这一步工作（就是我说过的第二路），实在要比第一路难得多了。因为涉览采访的范围非常之大，不但道士们的书（如《神仙列传》等）是重要材料，余如前人的笔记，各地的方志，乃至各地民间的口头传说，都要参考，而且要用科学方法去整理它。

所以《神仙宗鉴》《神仙列传》《西游记》《封神演义》诸书，非不可据，要在作者不先偏信此等书的"史料的价值"，能够处处用科学手腕去解剖它；而庞杂的民间的"传说集团"亦非不可据，要在作者能够用归纳方法来寻求其根源，阐明其如何移植增饰而演化。

这样伟大的工作，自然非所语于威纳的书，而我们本国人的著作能够依此方向走而且有了不可轻视的成绩的，就我所见，却只有黄芝岗先生的近作《中国的水神》了。

这部书，不过四万字左右，印成五号字小四开本，不过一百八十面，然而"像座大于像身"，黄先生写成这本小书所花的搜讨工夫，一定不小！假使把这本小书里所引用的书籍、诗篇名、杂剧名、京戏名等等，开一张书目，恐怕也就有全书一半篇幅那么多罢！可见黄先生搜采之勤了！

中国的水神传说，见于载籍者，已经很多，而流传于民间口头的，尤其多；现在我们且看黄先生怎样从这一团乱麻

读《中国的水神》

茅 盾

从前看过英国人威纳（E.T.C. Werner）所作的《中国神话及传说》（Myths and Legends of China），四百多页一巨册，翻到目录一看，吓！堂堂十六章，首论"中国社会情形"，次论"中国神话"，又次就论到中国的"宇宙创造"的神话，叙述了"星""雷电风雨""水""火""疫""药"等等神话；又次叙述了所谓"慈惠女神""八仙""天门的守卫者""神之战""石猴如何成仙""狐的传说"等等。看这目录，真所谓洋洋大观了！

然而这些漂亮的题目所代表的材料却非常之糟。所谓"慈惠女神"者，就是观世音菩萨，所谓"神之战"原来就是抄译了《封神演义》的"三教大会万仙阵"，所谓"石猴如何成仙"又是《西游记》中一部分的孙行者的故事，而所谓"狐的传说"则选了若干《聊斋志异》的故事；而"星、雷、电、风、雨、水、火、疫、药"等等神话大都抄自《封神演义》。原来威纳先生成此四百多页巨册的"法宝"左右不过是《神仙宗鉴》《神仙列传》《封神演义》《搜神记》等四书罢了（据他的自序，不过这四部书）。好像他简直不知道中国还有一部神话的总集《山海经》！甚至把关云长作为中国神话的"战神"，那就真所谓"奇想天开"了！

我以为要研究中国神话，有两条路：

其一，从秦汉以前的旧籍中搜剔中国神话的"原形"，重要材料就不能不是《山海经》《楚辞》《淮南子》等等；

其二，从秦汉以后的书籍乃至现在的民间文学中考究中国神话的演变——各地的传说如何增修了中国原始神话，又如何因此增修而使中国原始神话不但失其原形而且日益凋落，又各地的传说如何互相影响，产生了庞杂而类似的许多"传说的集团"。

我们这里的"两条路"，不是平行的，终结要有交叉点（所以也不妨说是两个步骤），若依神话学的定义来说，则前中理出头绪来：

他先从民间传说（口头的，活的）着手。他从他家乡（湖南长沙）的口头传说杨四将军的故事，说到四川灌县"灌口二郎神"的"神话"；他比较这两个"传说"的异同，断定了它们是同一来源（《中国的水神》第一二章）。可是要探究这"来源"，就不能单靠民间的口头传说了。于是黄先生就转了方向，从书本子入手。他提出了秦时蜀守李冰的"神话"。李冰是"历史人"，在汉朝尚未"神道化"。从"历史人"的李冰变为"神道"的李冰，大约始于唐代。"大概是自唐代以来，灌口地方一有水灾发生，李冰神的显应便会因之而起"（《中国的水神》页三三）[1]。而同时，"灌口二郎庙""当初是因李冰开离堆有功立庙"，其后忽又缠到李冰的第二儿子身上，等等"神话"，也是始盛于唐朝（《中国的水神》第三四章）。可是宋朝以后，"二郎神"的传说就比李冰多，而且在李冰以外又有两个"历史人"（赵昱和邓遐）顶替了李冰的神灵显应。（《中国的水神》第四章）黄先生在比较那许多异说以后，假定了一个结论，以为这许多异说是"不同的神的力量所起的争持。不相同的力量是因为不相同的时

---

[1] 本文所标页码系1934版页码。——编者注

代、地点,有它们的相同的水灾和治水的人物"(《中国的水神》页四二)。

这一个"假说",我们不可轻易看过。因为我们要研究中国神话(或传说)时,不可不留意到中国神话上的一种特殊现象,这现象,鲁迅在《中国小说史略》第二篇《神话与传说》中已经指出来:"天神地祇人鬼,古者虽若有辨,而人鬼亦得为神祇。人神淆杂,则原始信仰无由蜕尽;原始信仰存则类于传说之言日出而不已,……随时可生新神,……旧神有转换而无演进。"(《中国小说史略》页一六)这里,"历史人"的李冰成为神祇以后,又有"历史人"赵昱和邓遐之成神,便是"随时可生新神",而后出的赵、邓二神的灵异又和在先的李冰的灵异相仿佛,便是"旧神有转换而无演进"。虽然,"演进"固甚少,而增饰(在传说的主要骨干上加添了枝叶)却是"与时俱进"。所以从李冰的化牛与龙斗的简单故事(《中国的水神》页一八),到后来就增饰成为"洋洋大观"的许真君斩蛟的故事了。(《中国的水神》第五章)许真君的传说,是许多"水神传说"的"集合体",大概在宋初已经形成。黄先生在考据了许真君传说的本身,并且比较了其他的异说(即故事同而主人公不同的水神传说)而后,又下了个结论道:"不但四川神话移来江西,江西神话也有时移来四川。

许真君神话也会是李冰神话的产生。"而且"长沙杨将军的神迹和真君神话相比,像小巫见了大巫,但又像真君神迹的翻印本似的。……在这里像还可以明白看出长沙的神话神迹和江西的神迹神话有相当的沟通痕迹。"(《中国的水神》页六五及七四)

但是长沙的杨四将军跟四川的"灌口二郎神"有没有什么关系呢?

解答这个问题,黄先生的方法是两方面的。他第一找出"杨将军"不止是长沙有,江西的清江也有,浙江的嘉兴县也有,江苏的吴县也有。他因此说:"我们先承认杨将军是长江一带的水神,又假定他的神话传说是长江一带的水神神话的复合体;而且,假定长江一带的水神神话也都有杨将军的神话分子阑入它们的里面罢。"(《中国的水神》页八〇)我以为这里黄先生所找出的证据微嫌薄弱;因为嘉兴与吴县的杨将军据《县志》看,未必是水神。这一引证,未免近于"蛇足"。可是他的第二步方法——找出杨将军故事中的重要角色无义龙的来源,却精当极了!他引了《东湖滩谣》推定"杨将军所斩的无义龙"大概就是峡江的滩神无义。而且杨四将军庙在灌县下流和峡江一带地方的各市县镇乡都有,"杨将军在川中是镇江的神圣"。(《中国的水神》页八二)同时,

"灌口二郎神"的传说到了《西游记》中成为姓杨。黄先生引了杨磨的传说（页四二—四三）推定二郎神何以姓杨，他说："二郎神姓杨和杨将军庙名'紫云'是杨磨传说在川中的歧异的演变；因此，长沙的杨将军民间传说也会从四川的二郎神民间传说脱胎而来了。"（《中国的水神》页八四）在这里，黄先生下了第三个结论道："杨将军（同样的也是二郎神，——笔者）的威灵和神话的产生是因为有夔巫峡江的滩险。"（页八三）

在这里，我们看见黄先生替中国的复杂的水神传说找出了三个原则来：

一、水神传说的纷歧庞杂是"不同的神的力量所起的争持，不相同的力量是因为不相同的时代地点，有它们相同的水灾和治水的人物"；

二、"不但四川神话移来江西，江西神话也有时移来四川"，所以长江一带的水神传说有相当的沟通痕迹；

三、杨将军（或二郎神）的威灵和神话的产生是因为有夔巫峡江的滩险。

这三个原则，也就是神话学上最大最有力的原则，英国的权威的神话学者安德烈·兰（Andrew Lang）毕生精力所在的许多著作也无非证明了这三个原则；所以我们的黄先生也达到了这样的结论，在世界的神话学上看来，原也不曾加添了什么新的，但是黄先生的研究方法是值得钦佩的；他并不先把神话学上的原则加在前面，然后找几件中国水神的传说作为例证地去说明它，他是先一步一步比较归纳，然后达到那结论——原则。

这是黄先生的治中国神话的方法！这是凡治中国神话的人们应当取法的。而《中国的水神》一书在许多可宝贵的创见之外，这研究方法是特别应当宝贵的！

可是这部书却也有它的美中不足。这就是关于黄河的水神传说的研究太少了一点。黄先生研究了"活河神黄大王"（第九章），可是不曾历史地研究黄河的水神神话。从许多方面，我们可以假定中国神话最初大概是北部、中部、南部——这三支。共工氏头触不周山，以及女娲氏炼石补天等神话大概是北部的，《楚辞》所记如太阳神（《九歌·东君》）、巫山神女（《高唐赋》）等，大概是中部的，而盘古氏的神话也许是南方的。（屈原颇喜引用神话，可是《天问》中没有说到盘古氏，三国时吴徐整始记盘古神话，《述异记》谓南海有盘古氏墓，《路史》注谓湘乡有盘古保，云都有盘古祠，荆湖南北以十月六日为盘古生日；《元丰九域志》谓广陵有盘古家庙。）据《楚辞》，则先秦之时，北部与中部的神话颇相流通，《九歌》有《河伯》，而《天问》亦云"胡射夫河伯，而妻彼雒嫔？"西门豹对付河伯娶妇的一段故事跟《风俗通》所记李冰斥江神娶妇（《中国的水神》页一八）的故事颇复相类，疑是移用。以历代河患之多，岂有不产生关于黄河水神的神话？我们现在推想起来，古代黄河神话之失传，大概有两原因：一是古代北方文人最喜把神话历史化，合于历史化的一部分神话既经"化"了，余者也就不见记录；二是古代南方的文人虽然也记录了北方的水神神话，但后来长江的水神神话兴盛了，自然取而代之。但旧籍中所记北方水神的片段（如《穆天子传》称：天子西征，鹜行至于阳纡之山，河伯无夷之所都居），似尚有"钩沉"的价值。倘使取彼旧籍中的片段和现在北方民间传说综合稽考，未始不能发见有价值的材料。大概因为黄先生是南方人罢，所以对于黄河水神的研究比较的忽略了。

　　最后，我想指出黄先生书中很有价值的附带的研究，即"浮山"与"海眼"，以及镇水怪的"铁柱、铁链、铁枷"等等。（《中国的水神》十三、十四章）这两章的研究，前者（浮山、海眼）说明了原始的宇宙观——属于地的一部分，是近人研究中国神话者所未尝注目；而后者（铁柱等等）也说明了一桩很重要的原始信仰。"五行"之说，支配了几千年的中国人的宇宙观和人生观，《山海经》全书就有"五行"的五根线贯穿着。中国神话和传说几乎处处跟"五行"发生关系。有许多神话非用了"五行"这把钥匙，就难以索解。

我相信《中国的水神》之出版，在中国神话传说研究上将划一新纪元。因为这本书不但很精核地考究了中国的水神传说，并且——尤其重要的，指给了我们一种最可靠的研究方法！

一九三四年"五四"

（《文学》月刊第三卷第一期，一九三四年七月一日出版）

目录

1	第一章	杨四将军与无义龙
9	第二章	灌口二郎神
19	第三章	蜀守李冰和石犀
35	第四章	二郎神的演变
51	第五章	许真君和慎郎
63	第六章	江西和四川的沟通
77	第七章	由江西到湖南长沙
89	第八章	杨将军神话的歧途
101	第九章	活河神黄大王
111	第十章	彭蠡小龙和鼍令

127	第十一章	龙公神话与龙母神话
147	第十二章	九子与四圣
163	第十三章	浮山与海眼
175	第十四章	铁柱铁链铁枷等
191	第十五章	巫支祁和僧伽
205	第十六章	水神的诞辰

第一章

杨四将军与无义龙

请许我先介绍我故乡的一个神话，做这部书的引子：

金井河流到湖南长沙东乡县绣镇殷家坳，河上有一座小小的石桥，名叫神童桥。这地方是著者的故乡，便也是一位大神的生地。据《长沙县志》，这大神是宋代降生；据乡间父老传言，这大神的诞辰是戊申年的六月六日。这便是二十六代天师奏封英烈正直威猛将军的杨将军。在故乡的人们口里，或称为杨四将军，或称为四圣王爷，或称为平浪王爷。

这大神据传言是一岁丧父，二岁丧母，三岁得道，七岁成神。他叔父有一只小船，便以驾船为业；他既然父母双亡，便由他婶娘抚养，依着他叔父过活了。这时候大神既得道了，当然不同凡儿，但他却也还有儿童们一般的顽劣。有一天，他将他叔父的唯一家当毁了，那便是常停在神童桥下的一只小船，他运用他的神力把全船的铁钉一一地拔出来了。他叔父盛怒之下，便以巨掌相向，这在我们故乡却也是人情之常，于是，这大神便翻身跌入河里，在浅浅的水里浮着他小小的尸体，死了。叔父气急败坏地指着这水面的尸体说：

"你如果真有神灵，便给我香三天，臭三天，上浮三天，下浮三天。"

果然，这尸体放散了三天的奇香，放散了三天的恶臭；逆着水上浮三天，顺着水下浮三天，便停在紫云台的河水里。于是，乡下人便都说这孩子成神了。紫云台是金井河边的一座小山，向河的山脚是一方巨石，河水里巨石凹入成一座石洞，名叫鲇鱼洞。乡下人便在河边，石上，向着河水建了一座神庙，将大神的肉身移入庙里香花供奉了。《长沙县志》说：

紫云台，杨四将军得道处。跑马石遗迹犹存。

杨四将军是水神，水神的功绩便是他"斩龙护国"。当将军还没有成神的时候，在乡下的村塾里面读书，他的小同学有一位是无义龙——乡下的父老们都将"义"读成"孽"音，但当正作无义龙。——这时候，龙也是小小的一个村童，但他却挟有逆志。当一班村童课完游戏的时候，无义龙向同学们夸下海口说：

"我有日得志要把中国搅成中洋大海。"

杨四将军和他赌赛说：

"你敢把中国搅成中洋大海，我便誓斩孽龙。"

这时候是将军已成神了；无义龙也修成了道法，他便排山倒岭兴起了万丈的波涛。将军便跨上坐骑，手执大斧和这龙一场恶斗。龙战败了，便翻身逃走，将军便跟在后面追赶。金井河在离紫云台不远的地方，便要和寻龙河水会合了。从长沙纯化镇象鼻嘴，山谷里全是水成岩，山路在石山的中间，路旁有一座石山，石上有一线刀痕似的深凹，这凹有四五尺深，七八尺高，十几丈长的光景，那就是将军的拖刀石。无义龙便从这一带山谷中间冲出一条水路，被将军赶到寻龙河里，它使一个隐身法，不见了。

杨四将军在寻龙河里将无义龙寻了出来，这龙再向前逃去，将军也随后再赶。金井河入湘水的地方名叫捞塘河，在不远的骆驼嘴是浏渭河入湘水的地方。据乡间父老传言，杨四将军追无义龙，在骆驼嘴的河里把大斧失落了，便又从捞塘河将大斧捞出来，嘴便叫作"落刀"，河便叫作"捞刀"。在这里却不必根据古书——像《夷坚志》："长沙古语，有'骆驼嘴断出状元'之谣。"——说这是附会了。

无义龙再逃入长沙省城，杨四将军也赶进长沙省城。观音大士怕省城变成战场，无辜的万民吃苦，于是在城南的一块地方化出一家面馆。无义龙逃到这里，肚里饿了，便进馆叫面吃。观音大士做出一碗热面，无义龙哪知道这面是吃不得的，吃下肚去，面变成一条铁链，将龙心锁了。观音大士现出本相，将孽龙投入一间井里。无义龙悔也迟了，它只好哀求慈悲，问观音大士甚么时候放它回家。观音大士便在井旁立了一枝铁树，向龙说：

"远哩，远哩。铁树开花，放你回家。"

现在，这井在长沙城南樊西巷弥罗阁里。弥罗阁是观音佛寺，井便在神座下面，座前的一方石上，不停地滴水，说龙头便搁在这里。井旁有一枝铁树，井里有一条铁链。据传说，如有人将铁链向井外挽出，便会越挽越长，挽到最后，龙心痛起来了，地便会震动起来。有一次，官府到寺里行香，衙役将红帽子挂在铁树枝上，地便起了震动。因为无义龙怕是铁树开花，它准备要回家了。

据县志说，将军"身已变化"；据乡间父老传言，是将军肉身被盗了。起因是将军肉身太在地方显圣，流寓的江西法师起了觊觎之心，在黑夜偷入紫云台，把将军的肉身背走了。乡下人有句俗话："杨四菩萨求雨，小了法身。"这一具七龄的童尸，那法师总以为背着走不会十分吃力，哪知道背到更鼓台的地方，法身忽有千钧之重。于是，那法师只好许愿，

愿替将军盖一座一百根麻石柱的殿堂。便是这一百根麻石柱打动了将军的心,将军不恋故乡了。于是,将军随那法师到了江西,在江西某地方便有一座一百根麻石柱的殿堂供奉着将军的肉身,这肉身直到现在并没有什么变化。

但是,紫云台杨四将军庙里便只有木雕的神像了。同镇的新塘寺、土林庙、成佛寺——庙名从县志——都奉有杨四将军的木像。这神像像乡下的拜香咒里所说:"头带金盔穿金甲,手拿钺斧斩蛟龙。"不过金盔呢,是湘戏班里的帅盔;金甲呢,如今是红袍了。手里拿的是一柄钺斧;小小的蛟龙在像的脚下踏着。这神像状貌端整,像白面书生似的;但有时像乡下

《云行雨施图》局部（南宋 陈容）

人常抬往病人家里驱邪的成佛寺将军木像，却又作大忿怒像了。

　　据乡间父老传言，杨四将军有弟兄四人，同在地方显圣为神，所以神的像貌各有不同。他们说，某一像是杨一将军，某一像是杨二将军，某一像是杨三将军，某一像是杨四将军。而神的诞辰又都是六月六日。

第二章

灌口二郎神

要追寻杨四将军神话的来源，请许我再介绍一个相类似的神话，这便是四川灌县二郎神的神话：

蛟子，是上天撒下来的东西。上天因为世人心太狠了，便在每年除夕深夜向人间撒下二十四颗蛟子，在蛟子落下来的地方种下了这一年洪水的祸根。有一年，上天的一颗蛟子便落在离灌县城市不远的一块地方了。

这地方是一个乡村，前临着南下的岷江。乡村里有一个孝子，母子二人，种田为生。这孝子在这年的春天，割去了溪边的一簇嫩草。第二天再从这地方经过，草又长起来了。于是，他将这簇嫩草连根拔起，在草根下发现了一颗红珠，这便是上天撒下的那颗蛟子，被孝子拾得了。

他以为这红珠是无价之宝。回到家里，将它藏在钱柜里面。第二天打开钱柜，柜里满是钱，这红珠却依然搁在钱的上面。于是，他便随心所欲了。仓里没有米也好，坛里没有油也好，

《封神真形图》（清 佚名）

只把这小小的红珠搁在仓里、坛里,便会有满满的一仓米,满满的一坛油。他还种什么田呢?

四川的俗话说:"家里有金银,邻居有戥称。"他以前勤苦工作,还时常向邻家借钱借米,现在他不种田了,母子二人在家里有吃有穿。这岂不是行了路劫,发了横财?因为是邻居,不查个来清去白,便恐怕会担干系,免不了多方盘诘。而这颗小小的红珠竟被孝子邻家多方侦察出来了。

他被邻家迫着要看这无价之宝,只得拿出红珠交给他的邻人。常言道:"人为财死。"何况这还是宝呢,当他知道邻人起了不良之心,便马上从邻人手里夺回他的宝物。于是,争端起了,他忙中无计,将红珠抛入口中,谁知道这宝贝骨碌碌地竟滚到他的肚子里面去了。

他吞了这颗红珠,腹内像火烧似的,登时喉干舌枯,非喝水不能活了。碗里的、缸里的、家里的、邻家的、井里的、塘里的水都被他喝得罄干,他便脱去衣裳,赤裸裸地跑到灌口江边,要喝尽江中水了。

这才吓坏了他的老娘。老人家跟着他跑到江边,瞧见她的儿子正伏在江岸狂饮。老人家急抱住她儿子的一只腿,怕他掉在江里。刹时间,她儿子变了,身上长了麟,头上生了角,身躯也渐渐地粗了,长了,变成了一条蛟龙,只有她抱住的还是一条人腿。老人家禁不起龙的挣扎,手松了,龙一跃便到了江心,江水登时涨了。

老人家眼见她的儿子将兴风作浪而去,这时候剩下的只有呼唤。龙要抛弃它的母亲了,但当它母亲每一声呼唤便一次回转头来望它的母亲。现在,灌口江中还留下十二座望娘滩的遗迹。

这龙起了嗔心。它以为它的邻人不见财起心,它不会抛弃它疼爱的老母。于是它立志将贪而无厌的世间搅成大海。只那样一转身,一掉尾,绿油油的乡土早成了泽国了。

这龙顺流南下,也不知淹没了几处州县,冲洗了几处村庄;上天要收拾这过重的奇灾,便遣下灌口二郎来了。二郎身跨坐骑,手执大斧,和孽龙一场恶斗。龙战败了,便准备向东海逃走,二郎跟在龙的后面追赶。龙经过的一带地方又遭殃了。观音大士便在江边化了一座茅庵要降伏这条孽龙。龙被二郎追赶得力竭精疲,肚里也饿起来了,忽见前面江边一座茅庵,有一位老婆婆在庵里烹调热面,龙便向她乞食,这婆婆盛了一碗热面给它。龙把面吃下肚去,面变成一条铁链,锁住了这龙的心了。观音大士现出本相,二郎也随后赶来。于是,大士便将这条孽龙交给二郎带走。

二郎在这龙"成蛟"的地方——灌县城西江岸——铸了

《彩绘西游记》（清 佚名）

一根铁桩，将锁龙的铁链拴在桩的上面。龙知道自己完了，便向二郎哀求，问自己何时方能脱身。二郎说：

"铁树开花马生角，便是你脱身的日子。"

这分明是永没有脱身的日子了。但在清朝某一年又好像来了一线希望。那一年四川总督放的是骆宫保，到任不久，恰遇着灌县一件案子，便发了两名公差到灌县提人。公差们走到灌县城西，在江岸的铁桩下面休息，他们将他们的公文和他们的红帽子挂在桩上，忽然江水陡涨起来了。原来，这孽龙瞧见了桩上的红帽子和公文上的骆字，它以为"铁树开花马生角（各）"，它准备要脱身了。公差们忽见江水快要淹到脚边，他们便取下帽子，揣着公文逃走。于是，孽龙的一线希望又成了幻影了。

这铁桩至今还在江边。而且，灌县的人们每年新制一条铁链抛入江里。新铁链抛下水去，旧铁链便浮出水来。这便是二郎神用神力将龙的旧链换了。

二郎神的神庙在长江一带临江的州县都有。这神像也和杨四将军一样的帅盔金甲，手持钺斧，足踏蛟龙，而诞辰也一样的是六月六日。有的神像也是端整的少年；有的神像却又是青面赤发，凶猛异常的状貌。这神像有三只眼睛。据当地父老们传言，神在平时闭上他额中的竖眼，显露他端整的丰姿；赴敌作战便将他那竖眼睁开，他的状貌也变成那样地凶恶了。

二郎神在《西游记》和《四游传》里曾收降孙悟空。《西游记》说，二郎是玉帝的外甥，居灌州灌江口，敕封昭惠灵显王，又名显圣二郎神君。昔日曾除六怪，又与梅山兄弟——康张姚李四太尉，郭申直健二将军，与帐前一千二百草头神，神通广大。在《四游传》里也一样地说着。但在元剧《唐三藏西天取经》里，和李天王、哪吒太子收降了孙行者的虽也有眉山七圣，却不是二郎神的部将。不过这剧里二郎神有一位部将名郭压直的，却又和《西游记》梅山兄弟里"二将军"的名号相混了。

这剧说，猪八戒在黑风洞称黑风大王，将裴太公女儿海棠摄去。孙行者引海棠回家，海棠说："妖怪醉后则说，它怕二郎细犬。"猪八戒寻到裴家，又将唐僧摄去了。孙行者到普陀告观世音。灌口二郎奉观音法旨救唐僧，放细犬把猪八戒擒了。这剧里二郎神收降的却是猪精。有一支《越调·斗鹌鹑》说二郎的威严：

> 看了些日月盈亏，山河变迁；灌口把威施，天涯将姓显。郭压直把皂鹰擎，金头奴将细犬牵。背着弓弩，

《绘本西游记》(日本 大原东野、歌川丰广、葛饰戴斗插绘)

挟着弹丸。濯锦江头,连云栈边。

细犬是二郎神的宝物,但这在《封神榜》里便又是杨戬的哮天犬了。《封神榜》说,杨戬是肉身成圣,封清源妙道真君。他那只哮天犬号称"细腰",放出来形如白象,而且,又曾在凤凰山泽旁收了他的三尖两刃刀。二郎神在《西游记》里,他也是使的三尖利刃神锋。《西游记》说二郎神和齐天大圣争斗:

二郎相貌清奇，打扮秀气；和大圣斗了三百多合，摇身一变，变得身长万丈，两手举着三尖利刃神锋，青面獠牙，朱红头发。

这便是灌县父老们说二郎赴敌变像的出处了。杨戬在《封神榜》里，他却也有"三昧火眼"，这便是"额中竖眼"，像灌县父老们的二郎传说一样。并且他曾收降梅山七怪，这不过把《西游记》和《四游传》的六数变成七数，兄弟变成妖怪罢了。他收降袁洪——七怪里的白猿，也曾显他的变化，和《西游记》《四游传》里的二郎神斗齐天大圣是同样的行径。不过，上面说二郎神收降孽龙，这里，便都是收降猴精了。

第三章

蜀守李冰和石犀

君不见,

秦时蜀太守,刻石立作三犀牛。

自古虽有厌胜法,天生江水向东流。

蜀人矜夸一千载,泛滥不近张仪楼。

今年灌口损户口,此事或恐为神羞。

终藉堤防出众力,高拥木石当清秋。

——杜甫《石犀行》

石犀在四川成都县石犀寺里。——又说在成都满地镶红旗头甲马号后院,或许另是一头罢。——关于这石犀的来源有三种不同的传说。第一种,据《华阳国志》及《郡国志》等书,石犀是周显王时,蜀王遣五丁凿山开道从秦地移来的五条犀牛之一,传说是:

周显王的时候,蜀王有褒谷之险。有一天,在谷里行猎,遇见秦惠王。惠王送蜀王两笥黄金。蜀王用珍玩之物回报秦王。但是，这些珍玩之物到秦国都变成泥土。惠王说蜀王欺他，群臣反向惠王恭贺，说这是得蜀国的预兆。秦惠王起了侵蜀之心，便用大石刻犀牛五条，放在褒谷下面。当每天清晨没人往来之时，偷偷地将黄金放在牛的后面，说石牛会拉金屎。蜀王起了贪心，向秦王求这五条石牛，秦王便许赠给他。但是石牛笨重，褒谷的山路崎岖，蜀王便派五位大力士——五丁凿山开道，将石牛迎入成都。石牛到了蜀国，不拉金屎了。蜀人便嘲笑秦人，说秦人是"东方牧犊儿"。

秦人说："我们虽然牧犊，但我们要得蜀国了。"

到了周靓王五年的时候，秦大夫张仪、司马错从五丁凿开的山道进兵，把蜀国灭了，把蜀王贬为蜀侯。

第二种如钟秀之《川楚纪游》所说，犀牛是"镇海眼"的东西。——关于镇海眼，以后再详说。——这是一种民间传说。《川楚纪游》说：

> 成都满地镶红旗头甲马号后院有石牛卧于乱草中，身长一丈一尺，高五尺，宽二尺。从者云，此牛遍体皆字，今已剥落，不可辨识。相传其下为海眼，嘉庆间犹闻水声。

第三种便像杜甫《石犀行》所说，石犀是厌水怪的东西，刻石犀的人是秦时蜀守李冰。现在，将加以详尽的探讨。

《禹贡》说："岷山导江。"这是说大禹所疏导的江源是现在的岷江。《荀卿》说："江出岷山，其源可以滥觞。"这是指天彭关以上的岷江说的。岷江从天彭关两山之间通过，再汇合百多条涧壑支流，到灌口以下又收容好几条较宽大的河水，便像何宇度《益部谈资》所说：

江从灌口来，秋夏水涨阔盈里许；冬春水涸如带，邦人以河名之。

这是说岷江到灌口以下，它才有不测之威，灌溉之利。兴利除害，便当充分使用人力了。所以谈四川治江水的故事，像大禹、开明、李冰、文翁都荟萃在灌口和灌口以下的各处地方。且就李冰说罢。

岷江到灌口以下，冬春水涸，便当壅水；夏秋泛滥，便当放水；滩石阻障，便当穿凿；支流纵横，便当利导。因此，李冰把离堆凿开，使岷江安然流过；再将郫江、流江和其他支流加以利导，使成都一带的地方都得到灌溉的利益；再将都安大堰筑起，当岷江涸时便壅水自给，当岷江涨时便泄去

《仿唐人大禹治水图》（清 谢遂）

多余的水,所以能水旱从人。他又写"深淘滩低作堰"六个字在虎头山斗鸡台的旁边,这六字便是他治水的方法。夸四川治水的能人,除大禹便当算李冰了。《史记·河渠书》说:

> 蜀守冰,凿离堆辟沫水之害,穿二江成都之中。

便可知李冰治水,全凭他伟大的设计和工程,并没有什么神通,但神话和事实离开,《风俗通》便有了李太守斗江神的神话传说了。这传说是:

> 江神每年要百姓们献纳两名童女做它的夫人。
> 李冰太守说:"我将我自己的女儿给它。"便亲到神祠提亲,劝江神吃酒。江神的酒杯里酒在波动,江神来了。李太守便数说江神的罪恶。酒忽然不波动了。江神发怒了,去了。
> 忽然有两条苍牛在江岸恶斗,不一刻,李太守回得衙来,汗流满面,向他的属官们说:
> "我和江神恶斗,我疲倦极了。你们看,江岸的那两条苍牛,向南边的那一条,腰下有一带白围的便是我,白毛是我的腰带变的。"

《斗牛图》（南宋 佚名）

属官们到江岸把北向的苍牛刺死了。于是，江神便也死了。

江神、河伯在中国的传说上是佛教未传入中国时的龙王。《括地志》说丰水中的青牛，却也是水里的动物，和江神变的苍牛是一样的东西了。《括地志》说：

秦文公伐梓树，树中有青牛走入丰水中。其后牛出，使骑击之，不胜。有骑堕地复上，发解，牛畏之，入不出。

那末，苍牛和龙是不是一样的东西呢？最好是从相类似的神话里再举出两个证明。《歙州图经》（《太平广记》引）说将军程灵铣斩安徽歙县黄墩湖〔吕湖〕的蛟蜃：

歙州歙县黄墩湖的蛟蜃常被吕湖蛟蜃欺凌。

黄墩湖的近村有一位善射的勇士名叫程灵铣。他梦见黄墩湖的蛟蜃化成一位道人，求他帮助。

道人说："我被吕湖蛟蜃所欺。它明日又来挑战了。你是我的邻居，你应当帮助我。"

灵铣说："我知道谁是它，谁是你呢？"

道人说："束白腰带的便是我了。"

第二天，灵铣和村庄里的少年们到湖边鼓噪。不一刻湖里波如山涌，水声像雷吼似的。有两条斗牛在浪里追逐，前面的一条牛精疲力竭，腹肋间全是白毛。

灵铣便张起弓来，后面追的斗牛中了灵铣一箭。

湖水被蜃血染成鲜红了。吕湖蛟蜃带伤逃回，却死在半路上了。

李太守和江神的斗争好像是人和神的斗争似的，但这里说化牛相斗的却全是蛟蜃了。苏轼《昭灵侯庙碑》说安徽颍上县张路斯和郑祥远的斗争便又更进一步，并没有化牛的那些粉饰，赤裸裸地说这是龙和龙的斗争：

唐中宗景龙年间张路斯做宣城令，是一位有才干的好官。他的夫人石氏生了九个儿子。

他从宣城罢官回来便在他的家乡安徽颍上县居住，他常在焦氏台的下面钓鱼为乐。

有一天，他看见水里面有一座华美的殿堂，他不觉走下水去，在这间殿堂里面住着。

从此便夜间出门，白天回家；他身体是冷的、湿的，和常人的身体不同。

他夫人觉得奇怪，便盘问她的丈夫。

张路斯说："我现在是一条龙了，蓼人郑祥远也是一条龙，

《龙宫水府图》（元 朱玉）

他和我争水里的殿堂。明天，我将和他交战了。你当叫九个儿子助我一臂之力。你叫他们看江心的两条斗龙，龙颈上缠绛绡的便是我，龙颈上缠青绡的便是郑祥远了。"

第二天，这九个儿子到江边射那条缠青绡的斗龙。这斗龙中了一箭，便翻身掀起洪波，一怒而逃，张路斯变的斗龙随后追赶。顿时大浪连天，两条龙冲出一条水路，将经过的地方都搅成一片汪洋了。

于是，缠青绡的斗龙带箭，便死在合肥县的西山。张路斯的九个儿子也都变成龙了。

程灵铣、张路斯的神话是由李冰斗江神的神话脱化而成的，便可知李冰斗江神是和龙相斗争，在后人的见解里已有了确定的认识了。因此，《成都记》（《太平广记》引）便也说：

> 唐太和五年，洪水惊溃。冰复化为龙，复与龙斗于灌口，犹有白练为志。水遂漂下，绵竹、梓潼，皆浮川溢峡，数十郡唯西蜀无恙。

前两章既说了杨将军、二郎神和孽龙的斗争；现在说李冰斗江神便也是和龙相斗。这三种神话有不有关系和它们的关系怎样，且留待下回分解罢。在这里，我将从石马、石人再回到石犀的探讨上来。

《堤堰志》说："李冰凿离堆，虎头，于江中设象鼻七十余丈，首阔一丈，中阔一十五丈，后一十三丈；指水十二座；大小钓鱼护岸一百八十余丈。"护石是笼石附岸，使水不能蠹土；指水是象鼻状的小滩，导岷江曲折东流。这只可想见李冰当年治水计划周备，并不是什么神迹。但到了神话里，指水十二座，早变成"十二座望娘滩"了。

《堤堰志》又说："都江口旧有石马埋滩下，凡穿淘必以离堆石记为准，号曰水则。"水则，据《宋史·河渠志》："则，盈一尺，至十而止。水及六则，流始足用，过则减而归于江。"《河渠志》又说到虎头山斗鸡台的水则："台有水则，以石画之，凡十有一。水及其则则民喜，过则忧，没其则困。"所谓滩下石马不过是古代的测水器；离堆石记，石则，便刻在石马身上。四川俗谣说："滟滪大如象，瞿塘不可上；滟滪大如马，瞿塘不可下。"俗谣里所表现的，便可见古代川民的测水知识了。

在这里讲到石人。《水经注》说："冰又穿羊摩江灌江西，于玉女房下白沙邮，作三石人，刻要江神，水竭不至足，盛不没肩。"这不是说江神能守要约，不过说水将至足便当及早壅水，水将至肩便当及早放水罢了。那么，石人是古代

《三峡瞿塘图》（元 盛懋）

的测水器，在它们的身上有水则的刻划，却也和滩下石马一样。

再归结到石犀。《水经注》说："郫江冲治桥下，谓之石犀渊。李冰昔作石犀五头以厌水精，后转石犀二头，一头在府市市桥门，一头沉之渊也。"这便是说五丁移来的五条石犀便也是李冰刻成的五条石犀；镇海眼的一条石犀，便也是厌水精的一条石犀了。

牛和龙是一样的东西，在前面已经说了。用石犀厌水，怪像"死诸葛走生仲达"的妙计似的。这五条石犀和李太守斗龙的神话当然有极密切的关系。《集古录》说：

> 秦李冰为蜀守，凿川导江，以去水患。其神怒，化为牛，出没波上。君操刀入水杀之。因刻石以为五犀，立于水旁，与江誓曰："后世浅无至足，深无至肩。"谓之誓水碑。立在彭州。

石犀是誓水碑，便也和石马、石人一样的是古代的测水器；或许，从犀足到犀肩有水则的刻画也未可知。只是，刻为牛形终不免有厌水怪的作用存在，这作用不过是附加在测水器的上面罢了。

刻牛厌水怪到后来却成为一种风习。凡现在桥头桥尾石刻的牛形无不是厌水怪的东西。这理由是"刻龙厌龙",却不但是"牛为土性,土能克水"。但各处大规模的牛形又全是铁铸成的,铜铸成的,这大概是"龙为木类,金能克木"的那些理由。所以,铜铁铸的牛形比石刻成的牛形更能够把它们厌水怪的力量显出来了。这些牛像:

安徽怀宁府的铁牛。——江浒多水怪,初建城,冶铁镇之。凡五处,俱藏土中,微露牛脊。时有闻喘声者,称为铁牛大将军。

湖南岳阳县的铁牛。——铁牛在岳阳楼下,蹲踞西望而张其口,若有吞湖之意。

湖北江陵县沙市筲箕洼的铁牛。——江神庙旁立铁兽,似牛一角,高丈许,为镇水之物。

江西九江县的铁牛。——牛凡四,在县城东南锁江楼下,二入水中。

河南陕县的铁牛。——牛在城北黄河中,首在河南,尾在河北。世传禹铸,以镇河患。

河南开封县的铁牛。——铁牛高五尺,围八尺,铭列其背。明抚于谦铸,在县城东北镇河庙。

河南洛阳县的铁牛。——牛当水冲,在县城东门外瀍桥上。

山西霍县的铜牛。——铜牛在县城北门外河边,色泽甚古,二目作金色。传为尉迟敬德铸。

  陕西朝邑县铜津关的铁牛。——铁牛在关东岸四，西岸三，唐开元时铸。

  河北邯郸县渚河的铁牛。——传赵王立桥于此。其下有铁柱，铁牛。今无水，桥亦湮没。

  河北大名县的铁牛。——牛在县城东门外，高六尺，长盈丈。传为某道人铸，内藏宝物，以避水患。

  河北北平颐和园的铜牛。——相传为镇湖物。

    江水初荡潏，蜀人几为鱼；
    向无尔石犀，安得有邑居。
    始知李太守，伯禹亦不如。

——岑参《石犀诗》

第四章

二郎神的演变

> 残山狼石双虎卧，斧迹鳞皴中凿破；
> 潭渊油油无敢唾，下有猛龙拴铁锁。
> 自从分流注石门，西州秔稻如黄云；
> 刲羊五万大作社，春秋伐鼓苍烟根。
>
> ——范石湖《离堆诗》

说灌口二郎神是李冰的儿子的，总以为这说法较为雅驯；其他像杨戬之类的说法，恍惚是"搢绅先生难言之"了。我们且先从以下的各种记载看这种说法的正确性究有多少。

《成都古今集记》说李冰治水，他自己是设计的人，他儿子二郎才是实行的人：

> 李冰使其子二郎，作三石人以镇湔江，五石犀以厌水怪，凿离堆山以避沫水之害，穿三十六江灌溉川西数

州县稻田；自禹治水之后，冰能因其旧迹而疏广之。

在这里虽曾提到二郎，但只说他治水的功劳，还没有说到他和孽龙相斗。不过，依前章的步骤，二郎斗龙的神话是必然会产生的。据李膺《治水记》（《舆地纪胜》引）：

> 蜀守父子擒健蛟，囚于离堆之趾，谓之伏龙潭。

再据《独醒杂志》：

> 永康军城外崇德庙，乃祠李太守父子也。太守名冰，秦时人，尝守其地。有龙为孽，太守捕之，锁孽龙于离堆之下，有功于蜀。人至今德之，祠祭甚盛；江乡人今亦祠祭之。号曰灌口二郎。

再据《灌县旧志》：

> 伏龙观下有深潭，传闻二郎锁孽龙于中。霜降水落时，见其锁云。

再据范石湖《离堆诗序》：

> 沿江两屋中断，相传秦李冰凿此以分江水。上有伏龙观，是冰锁孽龙处。蜀汉水涸，则遣官致祭；壅都江水以自足，谓之"摄水"。民祭赛者率以羊，杀羊四五万计。

在这些记载里大都是迷离惝恍地说锁龙的像是李冰儿子二郎，又像是李冰自己。而且，这龙又名"健蛟"，好像也

值得探讨。《续博物志》说：

> 沫水自濛山至南安溷崖，水势漂疾，历代为患。蜀守李冰，发卒凿平溷崖。河神赑怒，冰操刀入水与神斗，遂平溷崖。

溷崖是南安县西的熊耳峡，《水经注》说这峡"连山竞险，接岭争高"。他开凿

《二郎搜山图》局部（明）波士顿美术馆藏

的困难便可想而知了。这峡的开凿既归到李冰的功劳簿里，斗江神的神话免不了从这地方产生，却也是理所当然。南安县是现在四川青神县、夹江县一带的地方，乐山县在它的南方，是汉代犍为郡的属地。河神名㹠，㹠和蛙是同样的东西，但又是龙生九子之一。或许，河神㹠便是"健蛙"，是犍为的什么龙了。李冰从涸崖擒了河神便锁在离堆下面；或许是他的儿子二郎擒的、锁的，在这里且不必多来辨明。

但离堆除灌县有一所离堆，在四川边有几处。颜鲁公《离堆记》说四川新政县有一所离堆斗入嘉陵江里，上峥嵘而下洄洑；《郡国志》说离堆在四川汉源县，离即古"雅"字，雅州因此得名；《方舆纪胜》说离堆是四川乐山县的乌尤山，便可知在犍为也有一所离堆。《史记·河渠书》说李冰凿离堆是"辟沫水之害"，像犍为的这所离堆倒来得真确些了。

李冰神的显应好像是起于唐代；在前章曾说过太和五年化龙斗龙的灵迹了。和这记载大致相同的两种记载，在《录异记》和《茅亭客话》里面，竟好像这两种记载所说的是同一件事情似的，只除去年代上的差异，便再没有理由说它们有什么显然的不相同了。《录异记》（《太平广记》引）说：

[唐]天祐七年夏，大雨，岷江涨，将坏京口江；灌

江堰上，夜闻呼噪之声，若千百人，列炬无数，大风暴雨而火影不灭。及明，大堰移数百丈，堰水入新津江，李阳冰祠中所立旗帜皆湿。是时新津、嘉、眉水害尤多，而京江不加溢焉。

《茅亭客话》说：

[宋]开宝五年壬申岁秋八月。初成都大雨，岷江暴涨，永康军大堰将坏，水入府江（便是京江）。知军薛舍人与百姓忧惶。但见惊波怒涛，声如雷吼，高十丈以来；中流有一巨材，随骇浪而下，近而视之，乃一大蛇耳。举头横身，截于堤上。至其夜，闻堤上呼噪之声，烈炬纵横，虽大风暴雨，火影不灭。平旦，广济王李公祠内，旗帜皆濡湿；堤上唯见一面沙堤。堰水入新津江口。时嘉、眉州漂溺甚炽，而府江不溢。

大概是自唐代以来，灌口地方一有水灾发生，李冰神的显应便会因之而起；但同样的神的显应便也会产生在同样的水灾情况下了。如果这水灾是陡然来的呢，那么，便又像《蜀梼杌》的记载：

广政十五年夏六月朔,蜀后主宴;教坊俳优做灌口神队二龙战斗之状。须臾,天地昏暗,大雨雹。明日,灌口奏岷江大涨,锁孽龙处铁柱频撼;其夕大水漂城,坏延秋门,深丈余,溺数千家,摧司天监及太庙。令宰相范仁杰祷青羊观;又遣使往灌州,下诏罪己。

像现在演关公走麦城便会发生火灾,这陡然来的水灾竟说是蜀后主不当扮演李冰神了。但朝廷也有口难分,便只好下诏罪己;这时候,李冰神的神威真不比现在的关公小了。只是到了宋朝,神的威力忽又被他的儿子二郎夺去。像《朱子语类》所说:

蜀中灌口二郎庙,当初是李冰因开离堆有功立庙;今来现许多灵怪乃是他第二儿子出来。初间,封为王,后来徽宗好道,谓他是甚么真君,遂改封为真君。向张魏公用兵祷于其庙,夜梦神语云:"我向来封为王,有血食之奉,故威福用得行;今号为真君,虽尊,凡祭我以素食,无血食之养,故无威福之灵。今须复封我为王,当有威灵。"魏公遂乞复其封。不知张魏公是有此梦,还是一时用兵托为此说。今逐年人户祭赛杀万来头羊,

> 庙前积骨如山，州府亦得此一项税钱利路。又有梓潼神，极灵。今二个神似乎割据了两川。

为什么鼎鼎大名的李冰会有个无名的儿子，到宋代忽然出来显许多灵异呢？为什么这儿子会压倒他老子的神威，竟独和梓潼神割据了两川呢？

神会有他的儿子，可也是唐以来的一种风习。说某郎是某神的儿子，是巫者平空添造出来的。像《河东记》（《太平广记》引）说韦浦遇客鬼的事情，巫者说："三郎即金天也。冯六郎名夷，即河伯，轩辕天子之爱子也；冯水官，水数成六耳。四子，轩辕四郎，即其最小者也。"便是个最好的证明了。

《广异记》（《太平广记》引）说泰山三郎取卢参军的妻子；泰山三郎便是炳灵公，在《封神榜》里便成了黄天化了。《玉堂闲话》（《太平广记》引）说泰山三郎：

> 兖之东鈔里，泗水上有亭，亭下有天齐王祠，中有三郎君祠。巫云："天齐王之爱子。"相传岱宗之下，樵童牧竖，或逢羽猎者，骑从华丽，即此神也。

泰山三郎竟也和灌口二郎背弓挟弹的行径相同了。但某郎的称号并不限于神的儿子。像三郎即是金天，华山神和泰山神的儿子，竟都可称为三郎。《墨庄漫录》说宋代的神的称号是村民们依神的状貌定出来的：

> 予每愤南方淫祠之多，所至有之。陆龟蒙所谓有雄而毅，黝而硕者则曰将军；有温而愿，皙而少者则曰某郎；有媪而尊严者则曰姥；有妇而容艳者则曰姑。

但唐代的神的称号还不像这般谨严。依神的状貌定神的称号，像关公当称为将军，但关公在唐代也称为关三郎了。《云溪友议》说："玉泉祠曰三郎祠；三郎即关三郎也。"《北梦琐言》说："唐咸通乱离后，坊巷讹言关三郎鬼兵入城。"这三郎即是关公，并不是关公的第三儿子。

关公的第三儿子，据传言说是关索。关索神自明初平定云南，建立庙宇（见《池北偶谈》），神的势力在云南、贵州一带，便不减于灌口二郎。但这神的名字终是莫须有的。有人说关索便是关公第二儿子关兴，"夷人呼父为索"，称关兴作关索像称关父一样；有人说关索即是"关锁"；有人说"高阜置关，关吏备索以挽升者"，这索便是关索。人各一辞，都不过全凭意想罢了。

关公是三（？）位儿子的父亲，在唐代被称为关三郎的却是关公本神；李冰神在唐代大显神威，到宋代忽有他儿子二郎出来，将他的神威压倒；到明代滇黔一带，关三郎的第三儿子忽又在人们的意想里建立了神的威灵。李冰神和二郎神，是父是子，是二是一，依据这些假定，所得到的将是个怎样的决定，便可推想而知了。怕只有《四川通志·名宦志》才会在《李冰传》的后面再来个李二郎的传记，说四川真有过这样的一位人物罢。

在这里我们将有一种执着了。这执着是定于一尊，说宋代二郎神不过是唐代李冰神的变态的发展。那么，只承认有李冰神的存在好了。在四川各市县是都有川主祠的。川主祠所祀的神，《四川通志》说是李冰。刘沅《李公父子治水记》也说：

> 公（李冰）治蜀，治水，益州始为天府。故世称曰川主。

但《彭水县志》却说：

> 川主庙祀秦蜀郡太守李冰父子，或谓当祀赵昱者。

> 考赵与李皆以治水立功于蜀，并且有川主之称。然李先而赵后；且李所治为全蜀上源，赵则仅在嘉州而已。又李之淘滩做堰，功在生民，不徒以异迹见称；若赵但以道术免一时之灾，不能使千载后民食其利也。

便又有一位赵昱和李冰争川主了，而且，这赵昱也和李冰第二儿子争二郎神的地盘。《龙城录》说赵昱做嘉州（清四川嘉定府治）太守，斩犍为老蛟。《嘉定府志》便依据这神话记载再加上一层粉饰，像"七圣、童子、白犬、弹弓"之类。《嘉定府志》的记载是：

赵昱跟道士李珏学道，隐居青城山。隋炀帝累次征聘，勉强出山，做了嘉州太守。

嘉州境左有冷源二河，二河里有一条犍为老蛟，每到春夏之交，它便兴起洪水，漂淹人畜。

这一年的五月里，赵昱便募集大船七百艘，甲士千余人，人民万余人，沿河呐喊，声振天地。赵昱披发仗剑，统率七名勇士入水。刹时间天地晦暝，石崖怒吼；再一刻云收雾散，河水尽赤。赵昱右持宝剑，左持蛟首，蹈波而出，但那七名勇士却死在水里了。这时候，赵昱才二十六岁。而这七名勇士到后来却成了七圣。

隋末天下大乱，赵昱携家入山，弃官归隐，便不再见他的踪迹了。后来嘉州又有水患，百姓们见青雾里面有一位骑白马，背弹弓的神圣，那便是太守赵昱。扈从里有一位童子牵着一条白犬，那便是金头奴和哮天犬了。

百姓们感戴他的恩德，便在灌江口立庙奉祀，所以俗称灌口二郎。（神称灌口二郎，又见《常熟县志》。）

宋真宗的时候，益州大乱，张咏入蜀平乱，求助于神。乱平，奏请追封，封川主清源妙道真君。（神封真君，又见《八闽通志》。）

因此，《嘉定府志》便说：

> 今所祀川主，赵昱也。或谓川主祀蜀守冰，而李冰实无川主事焉。

这可就分辨不清了。李冰、赵昱同为蜀郡太守；锁龙、斩蛟的地方又都在犍为。犍为、老蛟和健蛙，名称上有显然的因袭。而且，刘沅《李公父子治水记》说：

> 二郎固有道者。承公（李冰）家学，而年正英韶，犹喜驯猎之事。奉父命而斩蛟，其友七人实助之。世传

梅山七圣。谓其有功于民，故圣之。

将这和赵昱的神话相比，竟也没有理由说它们是两件事情。梅山七圣在元剧《唐三藏西天取经记》里曾写作眉山七圣。眉山是隋代的眉山郡，在唐初曾改为嘉州，天宝中改为犍为郡，后来又改为嘉州（现在是四川眉山县），便可知梅山七圣的名称由来，也不必在其他的地方寻找。

在这里，我们的另一决定，不又将说《龙城录》的记载是唐代李冰神的另一支流吗？那么，且丢开"李先赵后"的辩争不谈，只承认有李冰神的存在好了。但据《浙江通志》（《图书集成》引）：

> 二郎神庙在杭州忠清里。神姓邓讳遐，陈郡人也，自幼勇力绝人，气盖当时，人方之樊哙。桓温以为将军，数从征伐，历冠军将军，数郡太守，号为名将。襄阳城北水中有蛟，数出害人。遐拔剑入水，蛟绕其足，遐挥剑斩蛟数段而出。自是患息，乡人德之，为立祠祀之。以其尝为二郎将。故尊为二郎神。

邓遐斩蛟的事，通志的根据在《晋书·邓遐传》里。盛弘之《荆州记》(《太平寰宇记》引）也曾说邓遐做襄阳太守，斩沔水蛟龙的事情，和本传的记载相同。但本传说邓遐"为桓温将军，历冠军将军，数郡太守"，却不曾说"尝为二郎将"；"二郎将"的官名也不过《通志》的杜撰罢了。只是，和李冰第二儿子争二郎神的地盘的，除了赵昱，便又还有一位邓遐；而且，二郎神从灌口移到襄阳，神名称的由来又有了新解释了。

据李冰、赵昱、邓遐三种传说所得到的结论，便可知二郎神的成因：第一是入水斩蛟，替地方平定水患；第二是这地方的太守，或者是太守的儿子。说这神是李冰第二儿子，或者是赵昱、邓遐，都不过人民的感戴和地方的夸耀各有不同，定于一尊，像又大可不必了。

只是，二郎神终不曾姓起杨来。但据《河南通志》(《河南府志》所载，也和《通志》一样）：

> 河南府二郎神庙，在府城西关，祀隋灌州刺史杨煜。煜尝断蛟筑堤，遏水患，故民为立庙。

这好像是赵昱神话的讹传似的，但不能简单地只看成一种讹传。胡适说杨戬被认为二郎神是宋时的宦官杨戬被东京人呼为二郎神，到后来二郎神却成了杨戬了（《民间文艺创刊号》通信)。这根据却不能从《宋史·杨戬传》里寻出。或许,胡适自有他的根据,我以为也不当便这样简单地看过去了。

我以为川主的争持和二郎神的异说,是不同的神的力量所起的争持。不相同的力量是因为不相同的时代、地点,有它们的相同的水灾和治水的人物。因此,我便以为二郎神会姓起杨来,必有个杨姓神的力量和李、赵、邓姓的神的力量形成鼎峙,那么,便当再举出个杨姓神的力量来了。现在,据杜光庭《水记》(《舆地纪胜》引)来一个新的证明:

> 杨磨亦有神术,能伏龙虎,亦于大皂江侧决水拥田,与龙为誓。今有杨磨江。或语讹为羊麻江。

大皂江又名外江,是岷江从灌县城西南流的一段江水;李冰做都安大堰便在这地方了。而且,"穿羊摩江灌江西"的《水经注》说是李冰,但这里却说杨磨"于大皂江侧决水拥田",羊麻江的得名也因为有这样的一位人物了。李冰和杨磨是二是一,当然也无从辨明;如果不定于一尊,说李冰的存在也只有古人的传说可稽,那么,认为是人民的感戴和地方的夸耀各有不同便也可以完了。

第五章

许真君和慎郎

《三教源流搜神大全》中的许真君像

我曾在第三章说"化牛相斗",我将从李冰、程灵铣、张路斯的神话引渡到许真君镇蛟的神话上来;我们便将在这神话里面探讨出第一章、第二章所说的杨将军和二郎神神话的根源,做一番更深的研究:

淮水里有一条火龙,它兴风作浪地来到曲阜,想劫取上仙兰期的《金丹宝鉴铜符铁券之文》。但兰期的法力大了,火龙被他战败。它便请四海龙王发兵相助。龙兵被兰期说服了,各自退回本海。火龙便逃到浮玉山下伏着,在山西的江水里常吐出它的毒涎。

丹阳有一位秀才,姓张,名酷,在广陵,设馆教书。端阳节解馆回家,在江心遇了风浪,将船撞翻了。他漂到一块地方,肚里觉得饥饿。他在地上找到一枚赤色的卵,约有拳头大小,他不知是火龙的龙卵,便取来充了饥肠。于是,他想到江心游戏了。他在浪里浮沉着。不一刻,头上角也生了,身上鳞也长了，变成一条长蛟。

潜伏在浮玉山的火龙便收了这条长蛟做它的儿子。它将各种幻术传给长蛟，长蛟成了孽蛟了。在江心鼓荡波涛，劫夺商舟，奸淫妇女。于是，它有了四个蛟子，一个个都能变化。有许多能变化的水族，也都来归它的部下了。它便志满气盈，起了个妄为的念头。

它以为它的部众一天天的多了，小小的一条江水不能立他的营寨。四海都各有龙王，只豫章可沿江直下。它便想从鄱阳激起洪水，将五湖并为中海。于是，它将它的部众分屯在江湖要地，它自己辞别火龙，变一位美少年，到长沙见刺史贾玉。贾刺史爱它的才貌，把女儿招赘给它了。它在贾家又生了两个儿子。它常在春夏之交独自出门，借经商为由去点视它的部众；到秋天坐一只大船，饱载它劫得的珍宝回到岳家。

斗仙孝悌王卫弘康将《金丹宝鉴铜符铁券之文》《上清灵章飞步斩邪之法》传给兰期；兰期传给谌母；许真君既弃官不做，从谌母访道，谌母又将宝书符券和《飞步斩邪之法》传给了他。他又从梅山下得了两把神剑，便在豫章冷水观（真君住的地方，应当是游帷观）里隐居，有五仙童女陪他练剑。他知道豫章人民将有洪水之灾，早有意搜寻孽蛟。这一天，孽蛟发难了,便先到豫章来试探真君。孽蛟化名慎郎,依旧是年少翩翩的郎君打扮。到真君观里拜谒,执礼极为恭顺。

许真君的弟子里有一位雄赳赳的伟男子,姓施,名岑,字太玉,他不但多力善射,而且精于剑术。又有一位孝子,姓甘,名战,字伯武,他得了许真君的奥文秘诀。他两人常捧剑侍从真君。许真君向弟子们说:"方才来的少年便是我要搜寻的孽蛟。这一回放它走了,它便将无所忌惮,地方人民要遭殃了。"便叫施岑、甘战跟踪孽蛟,看它怎样施展。

孽蛟知道有人跟踪,走到龙沙洲,化成一条黄牛睡在沙碛里。真君用纸剪成一条黑牛,放出来和黄牛恶斗,两条牛红了眼睛。真君叫施岑拿剑刺死黄牛。施岑挥剑刺牛,剑砍在黄牛股上。孽蛟负痛逃入城西井里;再从长沙井里出来,依旧变作美少年躲在贾玉家里。

孽蛟向贾玉说:"这一次出门经商,被强盗劫了宝货。因为和强盗抵抗,被他们砍伤了大腿。幸喜还逃出了一条性命。"贾刺史爱怜他的女婿,便求医给孽蛟治伤了。真君化作医生,到长沙拜谒贾玉,说他长于治伤。孽蛟见真君来了,早吓得不敢出来。真君在堂上大喝一声:"孽蛟快出来受死。"孽蛟便化成原形,冲开屋脊走了。

真君叫贾玉抱出他两个外孙,将法水嗅在他们脸上,这两个小孩顿时化成两条小蛟，在堂上蜿蜒走动。真君叫神兵斩了这两条小蛟，再将一颗仙丹给贾玉的女儿服了。不一刻，她吐出许多黑涎，幸还不曾变成蛟形。

真君向贾玉说："这孽蛟快发难了；再不驱除，地方将受害不浅。你这住的房子，堂下不到一尺便是洪水，不几天当陷为深潭，你快搬到高的地方住罢。"贾刺史将全家搬往高原。不到几天，这房子果陷为深潭。但是，长沙全城幸得免了灾难。

真君再回到豫章，召集他的弟子们，发动神兵，将孽蛟从蛟窟里探逼出来。孽蛟统率四子群妖，和真人拼命恶斗，杀出重围逃走。真人和弟子们催起神兵，随后追赶。赶到鄂渚，路遇三位老者，说孽蛟躲在前面桥下。真君知是三位仙人指引，便谢了三位老者，先腾空飞到桥头。看见一条白驴睡在桥边，便拔剑将白驴斩了，乃是孽蛟第二蛟子。孽蛟率三子群妖从桥下腾起，再与真君恶斗。真君手执双剑，先飞剑将第二蛟子斩了。孽蛟背上着了真君一剑，独自逃生。第一蛟子鏖战带伤被甘战斩了。第三蛟子逃入一所佛寺，变做人形，求寺僧大度慈悲。

大度是一个有道行的高僧，知道来的是条蛟蜃。他说："孽障，你今天恶贯满盈，本当诛死，但你能皈依佛法，我佛法

也当慈悲。"第三蛟子便立愿皈依佛法。他叫它变成黍子大小，藏在他的指甲里面。不一刻，真君赶到寺里，并不见妖气了，真君可也明知第三蛟子已被佛法超度。

这时候，海昏地方有一条大蛇，据山为窟，吐气成云，迷漫四十里。人畜误入

《斗牛图》局部（唐 戴嵩）

毒气里面，便被蛇口吞吸。真君到了海昏，仗剑布罡，大蛇躲入山窟。真君飞符召请海昏杜伯将大蛇赶出蛇窟。大蛇昂头十余丈，目如火把。喷毒冲天。真君唤神兵摄伏大蛇，飞步斩断蛇头。施岑、甘战将蛇腹剖开，腹里走出一条小蛇，身长数丈。施岑、甘战要将这小蛇斩了；真君说："它还不曾为害，不能妄动杀心。此后一千二百九十年，它将为害人间；到那时自有八百剑仙斩它；今日且留它这条性命。"小蛇便入江走了。

第三蛟子既皈依佛法，大度与它摩顶受记，对它说："你因缘在南方，当向南方立命。"第三蛟子辞师南行，却被施岑、甘战捉了。真君说："它已是佛家弟子，不能伤它。"便叫第三蛟子"逢湖而止，遇仰则住"。这蛟子走到袁州贵湖仰山（另一说，真君命蛟子"逢仰而栖，遇叶而止"。蛟子走到袁州叶村仰山，便在这山上修炼），它说："真君叫我在这里修行。"它便坐在山崖下面，在崖旁掘了一间水井，修炼了三十年，成了仰山一祖。崖旁的那间井，便叫作离龙井了。

孽蛟逃到襄阳（另一说是黄冈县），变作一位秀才，到富翁史长者（另一说，长者名仁）家里觅馆，说自己是山东人曾良。史长者想试它的才学，便出了一首对联说：

曾先生，腰间加四点，鲁邦贤士。

　　孽龙便以史长者的两个儿子为题，随口对答说：

　　史小子，头上着一画，吏部天官。

　　于是，学馆成了。史长者便请孽蛟教他两个儿子的书。真君怕孽蛟再向西逃走，先在南阳石柱山用铁环镇压；见妖气笼罩襄阳城，便和施岑、甘战追踪到史长者家里。真君抬头见学馆门首贴了一副对联：

　　赵氏孤儿，切齿不忘屠岸贾；
　　伍家烈士，鞭尸犹恨楚平王。

　　真君说："这孽蛟劣性未改。"便教施岑、甘战截住江流，不使它同火龙会合。自己走入学馆，学馆里面只有两位学童念书。真君问两位学童："你们的先生到哪里去了？"学童们说："先生在后园塘里洗澡。"真君说："才交春便在塘里洗澡么？"学童们说："落雪天，我们先生也在塘里洗澡的。"真君赶到后园，孽蛟早闻风逃了。真君便随后追赶。

孽蛟变一只花蝶，真君用纨扇扑蝶；孽蛟变一条青鱼，真君用鱼叉叉鱼；孽蛟变野鹤冲天，真君用飞鞭打鹤；孽蛟变一条大蟒将真君缠住，真君暗解丝绦将蛟颈锁了，叫神兵将孽蛟悬空吊起，叫五仙童女在蛟旁舞剑。

真君将孽蛟牵回豫章。将沙地画为树型，熔铁汁灌入型里，范成一枝铁树。再将神剑插地，便成了一座深井。真君将铁树立在井边，用铁链将孽蛟锁在树根，将蛟打入深井。孽蛟求真君哀怜，问何时能见天日，真君指铁树说：

"铁树开花，放你出来。"

这时候，在逃的却只有孽蛟的部下了。它们都化成人形，来试探真君的弟子们。它们说："听说真君有两把神剑，这剑有什么妙用？"弟子们说：

"你们问那神剑的妙用么？指天天裂，指地地坼，万邪不敢当。"

它们说："那神剑可也有不能伤害的东西么？"弟子们见它们问得可笑，便随口回答说：

"除非是冬瓜葫芦。"

于是，这些水族便都变成冬瓜葫芦浮在江里。真君将神剑交给施岑、甘战，叫他们履水逐斩。这些冬瓜葫芦一个个随剑沉没，随剑浮起，果然都斩它们不断。当境土地变作一只八哥儿在树上叫着：

"下剔上，下剔上。"

施岑、甘战会意了，将剑锋从水下截斩，一个个的冬瓜葫芦随剑都成两段。他们直剿到石埭地方，只杀得血染江流，妖无噍类。

真君再和施岑、甘战到浮玉山捣火龙的巢穴。火龙势孤了，不能和真君抵抗，想要投奔东海，却被真君先在江口下拦江铁网封锁，有神将在江岸把守，怒目注视江水。便只得向北方逃走，却落入陷龙井里，被真君用符水禁住。真君叫施岑、甘战将火龙巢穴清洗，再赶到陷龙井来。火龙要保全性命，只得将鳞甲蜕在井里，化一阵妖风向南方逃走。

无甲龙逃到灵隐寺，变一位癞和尚到寺里投斋。恰遇着高僧仙公到寺里闲游，方丈慧理送仙公出寺，便和这癞和尚对面相撞。仙公大叫："孽障休走。"飞戒刀将龙头斩下。无甲龙的尸身，由寺僧们搬去烧了。

第六章

江西和四川的沟通

前章的神话是从清人徐道撰的《神仙宗鉴》里面整理出来的，这书记载神仙故事，极其琐屑。在明代更有一种小说，名叫《铁树记》的（北平图书馆有万历本，题为《新锲晋代许旌阳得道擒蛟铁树记》），记载许真君的神话比《神仙宗鉴》更来得拙劣汗漫。但这两种记载里，像觅学馆、对对联、土地变八哥，都像是民间传说的本来面目，这风格在神话里面却又是极可宝贵的了。

据《西山十二真君传》（《太平广记》引）却也有和前章神话大致相同的一段记载：

> 许真君于豫章遇一少年，容仪修整，自称慎郎。许君与之语，知非人类。指顾之间，少年告去。
>
> 真人谓门人曰："适来年少，乃是蛟蜃之精。吾念江西屡为洪水所害，若非剪戮，恐致逃遁。"

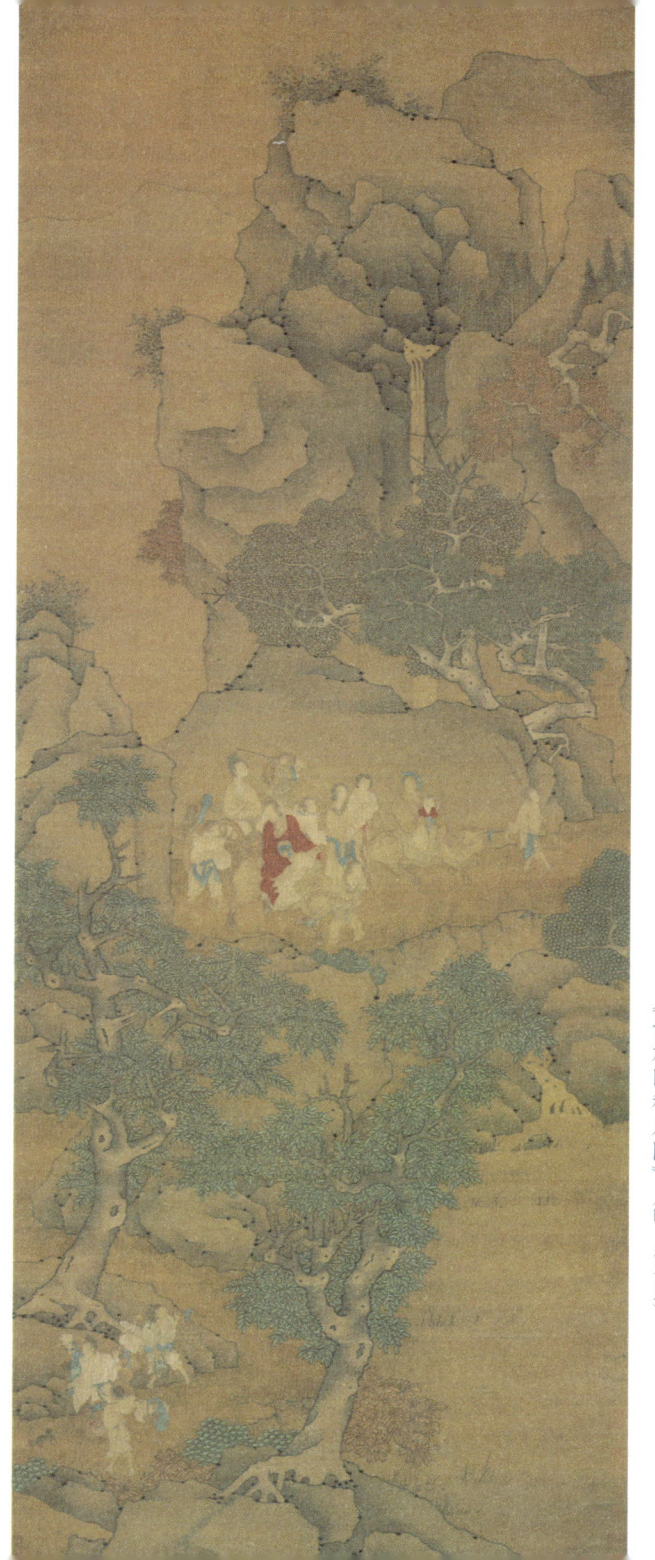

《许旌阳移居图》（明 崔子忠）

《大明一统志》中关于许逊逐蛟精化黄牛的记载

　　蜃精知真君识之，潜于龙沙洲北，化为黄牛。真君以道眼遥观，谓弟子施大玉曰："彼之精怪，化为黄牛；我今化身为黑牛，仍以手巾挂膊，将以认之。汝见牛奔斗，当以剑截彼。"真君乃化身而去。

　　俄顷，果见黑牛奔趋黄牛而来。大玉以剑挥牛，中其左股，因投入城西井中。真君所化黑牛，趋后亦入井内。其蜃精复从此牛奔走，径至潭州，却化为人。

先是，蜃精化为美少年，聪明爽隽而又富于宝货。知潭州刺史贾玉有女端丽，欲求贵婿以匹之。蜃精乃广用财宝，赂遗贾公亲近，遂获为伉俪焉。自后，与妻于衙署后院而居。每至春夏之间，常求旅游江湖，归则珍宝财货，数余万计。贾使君之亲姻僮仆，莫不赖之而成豪富。

至是蜃精一身空归，且云被盗所伤。举家叹惋之际，典客者报云："有道流姓许，字敬之，求见使君。"贾公遽见之。真君谓贾公曰："闻君有贵婿，略请见之。"贾公乃命慎郎出与道流相见。慎郎畏怖，托疾潜藏。真君厉声言曰："蛟蜃老魅，焉敢遁形。"于是蜃精复变本形，宛转堂下，寻为吏兵所杀。

真君又令将其二子出，以水噀之，即化为小蜃。妻贾氏几欲变身，父母恳真君，遂以神符救疗。

仍令穿其宅，下丈余，已傍亘无际矣。真君谓贾玉曰："汝家骨肉，几为鱼鳖也。今须速移。不得暂停。"贾玉仓皇徙居，俄顷之间，官舍崩没，白浪腾涌。即今旧迹宛然在焉。

这记载是第三章"化牛奔斗"的神话形态和另一种神话形态的集合体。据葛洪《神仙传》说庐山庙鬼娶齐郡太守的女儿，被栾巴诛斩的事：

> 庐山庙鬼诈为天官。栾巴为豫章太守，求鬼踪迹。此鬼走至齐郡，化为书生。太守以女妻之。巴往捕，其鬼不出。巴谓太守："贤婿是老鬼，诈为庙神；今走至此，故来取。"乃作符，空中有人将符去。须臾，书生自赍符来，至庭，便化一狸，巴敕杀之。太守女已生一儿，复化为狸，又杀之。

这神话和许真君神话的产地相同。像前章说许真君叫孽蛟第三蛟子到仰山崖下修行，据《大明一统名胜志》便也是由江西修水县（清南昌府属义宁县）黄龙山的传说脱胎而来，都不过是当地神话的一种转变罢了。《大明一统名胜志》说：

> 唐乾宁中，晦机禅师尝游岳麓。会神僧谓曰："此去东北行，遇洪即止，逢龙可住。"至是，因父老遥指高峰，名黄龙山，上有双峰，庵（黄龙院）主马和尚。师往谒之，欢若凤契，以庵付师而去。久之，禅侣云集，宗风大振，

> 黄龙一派，被满天下。

但第三章说"化牛相斗"，这神话形态的根源是四川的李冰神话。为什么在安徽会有它的变形产生呢？是因为从古以来，安徽和四川早有了不少的神话上的沟通。像四川是禹的生地（汶川县），安徽是禹的故邑（泗县）；涂山却一在安徽（怀远县），一在四川（巴县）。只提到这些联系，其他的，便也可以推知了。为什么在江西也会有它的变形产生呢？如果不拿现在的眼光将安徽和四川看成两个政区，便当知安徽的涂山属汉代的九江郡，和豫章郡同属扬州；安徽和四川神话上的沟通自也是江西和四川神话上的沟通了。

又像唐代李阳冰是四川合川县人，但他在开元年间却做过安徽当涂县的县令。或许，因为他在武昌县、滁县等地方曾留过神奇的字迹，忽然，唐代的李冰神和他纠缠不清了。像《录异记》说"李阳冰祠中所立旗帜皆湿"，便是一个证明。

许真君的神话也会是李冰神话的变形产生，和李阳冰同样的理由，是因为许真君曾做过旌阳令的原故。旌阳是四川的地方，现在是德阳县了。据《大明一统名胜志》：

> 许逊为旌阳令，属岁大疫，死者十七人。逊以神方

治之。蜀民为之谣言曰："人无盗贼，吏无奸欺；我君活人，病无能为。"

再根据《锦州志》：

> 许逊心本清静，政尚德化；有仙术，炼金以济民。

便可知许真君只是个以德化加人的循吏罢了。他只以庸行见长，便济民怕也不是什么仙术，便治病怕也不是什么神方。像栾巴做豫章太守，也只因毁坏淫祠，百姓感戴，史官便故神其说。《后汉书·栾巴传》说：

> 巴再迁豫章太守。郡土多山川鬼怪，小人常破赀以祈祷。巴素有道术，能役鬼神，乃悉毁坏房祀，翦理奸诬，于是妖异自消。百姓始颇为惧，终皆安之。

这便是《神仙传》斩鬼神话的根源了。再像张路斯神话的根源，与其说在颖上，不如说在宣城。因为张路斯曾在宣城垦田导水，于是，"化龙斗龙"的神话便也在百姓们的爱戴里自然产生了。《大明一统名胜志》说：

> 隋张路斯，景龙中令宣城。为民垦土田，导水利。至今"宣城"城北一带呼路斯田。

便可知张路斯神话的产生和许逊、栾巴神话的产生一样，都不是因为神通，只因为百姓们爱戴的原故。第三章说二郎神神话的演变是因为人民对地方官吏的爱戴，和地方的夸耀各有不同，这便都是最好的旁证了。现在，且再从许真君神话的探讨里来说明四川神话移来豫章的所以然罢。

和前章神话大致相同的另一段记载，可以在《豫章书》里寻见：

> 永嘉末，海昏有巨蛇，嘘气吸人，吞噬甚众。（真君）乃仗剑行斩之。后于豫章遇一美少年，自称慎郎，与语，遽告去。谓弟子曰："此蛟精也。"试迹其所之，化黄牛卧沙碛，命弟子施岑挥剑中其左股，奔入城西井，从长沙井出，寻灭之。虑豫章为浮州，蛟龙所穴，因于城南铸为铁柱，下施八索，钩锁地脉。又周行江湖诸郡，殄灭毒害，乃归旧隐。

除去大同小异不用探求，这记载倒像是前章神话的缩影。

海昏是汉昌邑王的故邑，现在是江西永修县了（以前是建昌县）。《太平寰宇记》说：

> 建昌县旧海昏县。蛇骨洲在县东南十七里。永嘉末，有蛇长三十余丈，断道，以气吸人，被吞噬者众。行道断绝。时吴猛有神术，与弟子往杀之。蛇死之处，积骨成洲。有小蛇走。猛乃曰："大蛇是蜀精，故蛇死而蜀贼杜弢灭矣。"

《大明一统名胜志》又谈到海昏小蛇，却也说杀大蛇的是吴猛，不是许逊：

> 蛇子泾水在建昌县南二十里永丰乡之西。日传吴仙既杀大蛇，其小蛇穿地成穴。江水灌穴，通流至今，水势屈曲如蛇形。至唐仪凤中，始通舟楫。

在这两种记载里，杀大蛇的虽都不是许真君，但真君是吴猛的弟子。吴猛率弟子往杀，自然也有真君了。这两种记载，在前章神话里也占有一部分的地位，是因为同地方的传说有转变、合并的自然趋向，但江西大蛇却是"蜀精"，大蛇被斩却与"蜀贼"有关,江西和四川神话上沟通的痕迹,在这里,便又显然可见了。

《南昌府志》说许真君镇蛟蜃的铁柱在南昌铁柱宫左井里:

> 万寿宫在广润门内,一名铁柱宫,晋建,祀旌阳令许逊。宫左有井,与江水相消长。中有铁柱,旌阳所铸,以镇蛟螭之害。唐咸通中,额曰铁柱观。宋大中祥符二年赐名景德观。政和八年改延真观。

《舆地纪胜》却说除铁柱宫左井里的一根铁柱,还另有一根铁柱:

> 许旌阳既斩蛟蜃,谓豫章滨水之地,百怪丛居。吾上升之后,或害人。铸铁柱二,一在子城南,縻以铁索绳,封镇蜃穴,即铁柱观也。

《大明一统名胜志》却又说另一根铁柱在南昌西山双岭南,但这柱早湮没了。这记载较为详尽,有前章神话所不曾收入的"严谑发柱"的故事和真君的"遗谶"(这遗谶在《铁柱记》里有缺略的记载,便可知在明代是一种较普遍的传说)。但这里却又说杀海昏大蛇的是许真君了,而且,海昏大蛇和蛟蜃像便是一件东西。这便可见传说的分歧和合并上的混乱是神话在演变里所必具的特征了:

> 铁柱官在故子城南,今广润门之左,晋时建以祀旌阳令许真君逊者。永嘉末年,海昏大蛇为妖断道,真君许敬之用正一斩邪三五飞步之术追歼之长沙。复惧遗孽浒兴,冶铁为柱二,压其窟宅。一在西山双岭南,湮没已久;一在子城南井中,柱出井外仅尺,下施八索,谓钩锁地脉云,唐咸通六年赐额铁柱观。节度使严譔来郡,发柱视之;未及咫尺,烈风雷雨,江水暴溢,旋恐而止。相传真君遗谶云:
>
> 　　铁柱镇洪州,万年永不休;
> 　　八索钩地脉,一派通江流。
> 　　天下大乱,此处无忧;
> 　　天下大旱,此处薄收。
>
> 其井在官左,云与江水相消长。

但《太平寰宇记》却又说,除南昌西山双岭南另有一根铁柱，还有一根铁柱在江西吉水县（清吉安府属县）悬潭岭上，也相传是真君镇蛟蜃的东西：

> 吉水县悬潭，古来船过者，凿山为路避之。后有方士许逊入水与蛟龙斗，三日三夜；后出，于岭上立一铁柱为誓。今春夏亦有涡洑，不为人害。

镇蛟蜃的铁柱，在江西既不但南昌才有这件东西，便可知真君镇蛟蜃原不过因这些难辨认的古铁所引出的臆想的解释罢了。在南昌铁柱宫左井里的一根铁柱，据宋谢逸的《铁柱观》诗：

> 豫章城南老子宫，阶前一柱立积铁，
> 云是旌阳役万鬼，夜半异来老蛟穴。
> 插定三江不沸腾，切勿撼摇坤轴裂。

这铁柱实有其物，更可无疑，但现在的广润门是南昌西门，黄牛洲正和它对河相向，铁柱宫井和前面所说的城西井是不是一口井呢？却又不得而知了。只是，前面说蜃精奔入城西井里，又从长沙井里出来，更说铁柱宫井与江水相消长。据《锦州志》：

> 旌阳丹井在县堂右，相传通洪都铁柱官。许旌阳为令时，夜从此中而归，诘朝仍视事，人罕有觉者。出入以手按石甃，遗有掌痕。

铁柱宫井又通四川德阳县了。为什么井通江水，井又能彼此相通？请许我在这里留一个悬案，到以后再详说罢。这里，只使我们感到江西和四川神话上的沟通更有个显著的痕迹，而且，不但四川神话移来江西，江西神话也有时移来四川。许真君神话也会是李冰神话的产生，像可以在这里得一个圆满的结论了。

第七章 由江西到湖南长沙

除镇蜃穴的铁柱和钩地脉的铁索,像这些难辨认的古铁,有它们的存在便有它们古代的意义可供探讨。神话里有许多的神迹,被民间指证,被方志纪述,也都像实有其物,其实是除了附会,一无所有。

像旌阳斩蛟剑,依以下的几种传说,也都会使人相信这神剑实有其物。据《朝野佥载》:

> 旌阳斩蛟剑,后不知所在。顷渔人网得一石匣,鸣击之,声闻数十里。唐朝赵王为洪都刺史,破之,得剑一双。视其铭,一有"许旌阳"字,一有"万仞"字。

再据《广异记》:

> 开元末,太原武胜之为宣州司士,知静江事。忽于

> 滩中见雷公践微云逐小黄蛇,盘绕滩上。有人戏投以石,中蛇,铿然作金声。雷公乃飞去。使人往见,得一铜剑,上有篆:"许真君斩蛟第三剑。"

再据《大明一统名胜志》:

> 吉水县崇元观后,有试剑石,世传许真君试剑处。剑尚留本观,长仅尺许,似铜非铜,似铁非铁。

但传说太分歧了,又将使人感到它的渺茫。像关公的刀一样,有的说被关公投到水里去了(《古今刀剑录》),有的说在湖北荆门县新市铺关庙后面(《滇行记程续抄》),我们将信哪一种呢?

许真君的神迹也正像斩蛟剑的实有一样的渺茫。《南昌府志》说:

> 旌阳贤令,能为南昌御灾捍患;乃徒有以镇蛟一事,而神仙迂怪缪悠之说丛兴。南昌八属,书旌阳神异之迹者凡数十见。以至拖肠挂履,屡拾其遗;权顿暮投,亦名其地。世俗相沿,殊难废免。

虽说我们认为可珍视的便是这殊难废免的世俗相沿，而且我们更不能只说是迂怪缪悠，以此自足，但这自是有得之论。请许我再根据《南昌府志》将许真君神迹的各种记载列举出来：

奉新县西的试剑石。——巨石中分如削。旧传真君逐蛟，试剑于此。

武宁县东箬溪上游的试剑石。——相传真君逐蛟，试剑于此，俗呼破石。

修水县西大沩山的铜鼓石。——屹立数丈，形类铜鼓。世传真君逐蛟过此，石中有声，挥剑劈之，一石中分，如剑劈状。

奉新县南乡罗潭的剑井。——真君自柏林得剑，至此试剑，透石迸泉为井。

靖安县东江都的剑泉。——香田张家旁有一巨石。真君至此，马渴，卓剑石上，遂涌清泉。

武宁县东的卓剑泉。——甘战从真君伐蛟经此，渴甚，拔剑插地，有泉涌出。

奉新县东北小山下的磨剑石。——相传真君逐蛟，淬剑于此。

靖安县熊仙都凝禧观的磨剑池。——相传真君磨剑于此。

武宁县城对岸的飞来峰。——世传真君捕蛟，至长乐乡，知其地有妖氛，用剑劈土，土掷飞五十余里，至此始落，遂成一峰。

靖安县富仁都山顶的望蛟船。——山顶巨石，长数十丈，形如船，中有石圆如鼓。相传许真君至此，登山四望。俗呼望蛟船。

新建县善政乡的眺蛟台。——相传施大玉眺蛟于此。

丰城县的蛟穴。——一在县东，一在县西。旧传蛟蛰于此。真君以符水逐蛟，蛟遁。

南昌县西的黄牛洲。——相传真君逐蛟至此，化为黄牛。

新建县故上蓝院的蛟井。——一名横泉。真君逐蛟，蛟奔于井。

奉新县西延真观的镇蛟石。——真君逐蛟入穴，以巨石书符镇之。有碣尚存。

奉新县东的锁石。——真君逐蛟，锁此石以镇之。

武宁县西的龙潭石。——真君缚蛟于此。

新建县西鹅峰禅悟院的蛟井。——真君系蛟济旱处。

新建县的吴城山。——真君斩蛟处。

修水县南的赤江渡。——真君逐蛟过此。蛟变为匏，以剑劈之，水皆赤（第五章说孽蛟的部下变冬瓜葫芦，便是由这传说转变而成的）。

但许真君神迹的区域还不止于南昌府属，更不仅在江西一隅。据《大明一统名胜志》：

吉水县的试剑石。——崇元观后试剑石已见前引。

永修县吴猛泉的磨剑池。——泉在县北五里祈福观前。有磨剑池，相传许逊斩蛟时，于此磨剑。

万载县的剑池。——池在县西百里，广丈余。相传许旌阳捕蛟洪州，时蛟潜逃至此，许以剑击池而获之。

安义县的会仙峰。——在县之依仁乡，上有广福观。相传许旌阳会十二真君斩蛟之所。

贵溪县的腥臊岩。——馨香岩在县东五里，旧名腥臊岩。《鄱阳记》："许真君斩蛟于此岩下，又以板塞岩，曰寻蛟。潜通洪州横泉井（井在新建县，前已列举）。每天景晴霁，见水底板木尚在。"

上高县的铜丁岭。——县南二十五里灵峰山，峰前有铜丁岭。旧传许旌阳以铜丁钉蛟于此。

永修县的七靖井。——旌阳既诛巨蛇，乃法北斗七星于海昏立七靖；每靖置井以镇之。旧学宫地在第四靖上。

再据《安徽通志》和《舆地纪胜》：

安徽秋浦县西北的石印山。——石壁上有旌阳印文，二三相对，圆如马蹄，相传真君逐蛟到此。

安徽广德县的神仙塘。——相传真君曾浴于此。

《大明一统志》中关于许逊在磨剑池的记载

湖北崇阳县的许仙岩。——相传真君逐蛟过此。有龙洞、插剑泉。

湖北武昌县的伏龙桥。——相传真君逐蛟至此。

湖北光化县的旌阳铁符。——相传藏赵翔家。

湖南平江县香炉岩的试剑石。——相传真君试剑于此。

湖南平江县道岩山的断石。——相传真君淬剑于此。

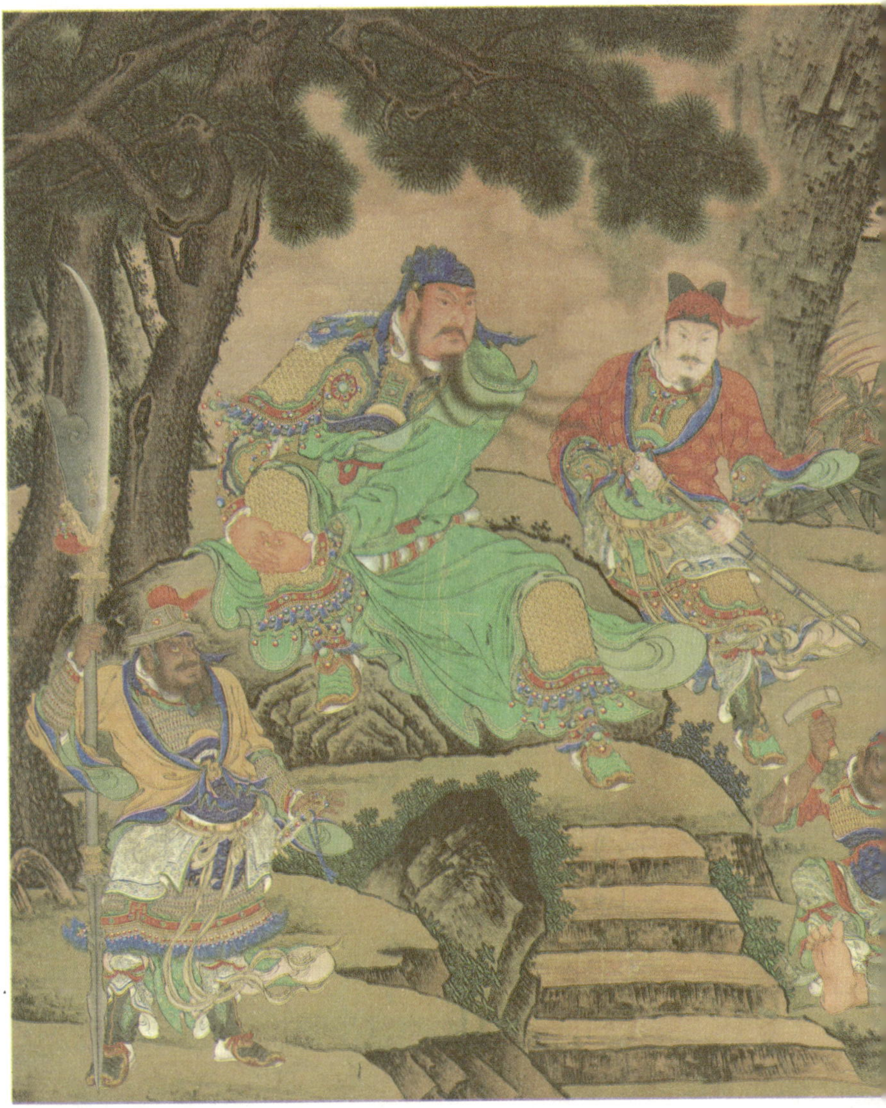

从前面所列举的真君神迹，使我们得到的印象好像是一团乱丝。像：

蛟是由真君斩了，或是锁了，系了，缚了，镇了乃至于用铜丁钉了呢？

斩蛟是在吴城山，或是在腥臊岩，还是在海昏、长沙呢？

锁蛟、系蛟、缚蛟、镇蛟还是在奉新、武宁、新建；或许，蛟却还在南昌井里锁着镇着呢？

蛟是奔入南昌城西井，再从长沙井出来，便被真君斩了；或是奔入横泉井，从腥臊岩出来被真君斩了呢？

在这里，也只是些不相同的地方夸耀，便也使慎郎传说的真实性在目迷五色的氛围气里和其他的地方夸耀一样的散如烟云。

再像试剑石、卓剑泉、磨剑石、飞来峰、望蛟船的神迹，竟好像中国境内每一座山石、每一间泉井都可以供人们的附会似的：

试剑石。——像江苏吴县虎丘的秦王试剑石，江苏镇江县北固山的吴大帝试剑

《关羽擒将图》（明 商喜）

85

石，广西桂林县伏波岩的马伏波试剑石，福建崇安县武夷山的控鹤山人试剑石。

卓剑泉。——像安徽含山县、湖北武昌县、湖南常德县的关羽卓刀泉和山东章丘县的尉迟恭拔注泉。

磨剑石。——像湖北汉阳县大别山、荆门县新市铺的关羽磨刀石。

飞来峰。——像河南信阳县的关羽劈破山和拖刀岭。

望蛟船。——像浙江绍兴县，禹庙侧的石船和涂山的大禹石船。

便在真君神迹区域里，像江西万载县汤周山有汤周二仙试剑石，谢仙山有谢仲初卓剑泉、试剑石（《大明一统名胜志》），更可知同一地的山石泉井也不由许真君的传说垄断；不相同的地方夸耀有它们的更广泛的分歧，更虚诞的进展了。第一章说长沙杨将军的神迹，既有和南昌铁柱宫井同样的弥罗阁井和铁柱，又有和试剑石、飞来峰、望蛟船……等神迹同样的拖刀石、寻龙河、落刀嘴、捞刀河等神迹，和真君神话相比像小巫见了大巫，但又像真君神迹的翻印本似的。不过依以上的推论，这和真君神迹都只是千篇一律的地方夸耀所画成的依样葫芦，但又从牵强的附会里使我们对它们同样地感到虚诞。

在这里像还可以明白看出长沙的神迹神话,和江西的神迹神话有相当的沟通痕迹;而且,像真君的神迹神话,从平江县移到长沙,经过了一番变改,便成了杨将军的神迹神话似的。这不仅平江、长沙是两交界的邻县,也不仅杨将军的肉身据传言到了江西,许真君斩蛟蜃却反在长沙的这些理由。像第六章所举的"黄龙山"的传说,便也有由麓山向东北到江西修水县的径路;真君杀海昏大蛇的神话形态是羿屠巴蛇的神话形态的转变,但又和陶侃射麓山妖蟒的传说有同样的泉源。《岳阳风土记》说:

《江记》言:"羿屠巴蛇于洞庭,积其骨为陵。"《淮南子》曰:"斩巴蛇于洞庭。"今巴蛇冢在巴陵州院厅侧,巍然而高,草木丛翳。

《岳麓志》(《湘城访古录》引)说:

晋时德润门(长沙西门)外有白鹤观,观有高楼与麓山抱黄洞相对。有妖蟒能吐舌为桥,奋须为杖,竖角为门,张目为炬,作声为八音。每岁七月十五夜飞踊楼上。羽流被惑,以为导引升仙,岁推一人斋沐以饲。晋陶侃镇长沙,弗信;引弓射其炬,即时摔灭,洒血如雨。次日,踪迹得蟒,毙于洞。剖其腹,人骨羽冠斗许。

这便可知由湖南长沙到江西的神迹神话的坦道,早已修筑好了。

第八章 杨将军神话的歧途

第一章说杨将军是在长沙东乡成神，神的肉身被流寓的江西法师背往江西去了。但据《滇南杂志》：

> 昆明县东南有杨四庙，其神作童幼相，不知起于何时。按江南水神有杨四将军；又杨猛将每逢蝗灾则迎以驱蝗，亦作童幼相。今者清江萧公庙亦塑杨四像。云杨四亦清江人，凶狠有力，屠猪为生，殴人死不畏；常殴人于市，一人奔告其母，曳杖至，笞之，四即俯伏受杖，以为常。乡人义之，故塑像于萧庙。

却又说杨将军是江西清江县人。清江县是石龙城，江里有石龙作怪。运雷击石龙的人，《江西通志》说是善周禅师：

> 父老言，往时江中有石蜿蜒如龙狀，头角爪甲皆具。

> 有善周禅师者,居慧力寺,察龙为怪,一日,运霹雳碎之。

但《清江县志》却又说运雷击石龙的人是海印禅师:

> 海印禅师是慧力寺僧。相传水滨石龙蜿蜒长豪,鳞甲悉具,与慧力寺古刻木龙俱为怪。禅师以铜丁钉木龙,诵经运雷击石龙,一夕,雷震碎之。

这地方自也和斩龙神话很相宜了。而且,海印禅师以铜丁钉木龙,前章说上高县有真君钉蛟的神迹,很显明地是由这传说转变而来的。因此,这地方便也有许真君的许多神迹了。《清江县志》说:

> 许逊弃官远游,道经清江之枨湖,乐其山水之胜,遂炼丹于此。植桑一株以识其处;其树大围六丈,阴覆一观。又尝逐蛟至镇,拔茅封溪,并殄蛇妖。其他储仙观、玉虚观皆有真君遗迹。
>
> 蛇溪水在清江县东,或谓旌阳灭妖蛇滚成溪者。

从蛇溪水和第六章所说的永修县的蛇子迳水的联系着想,

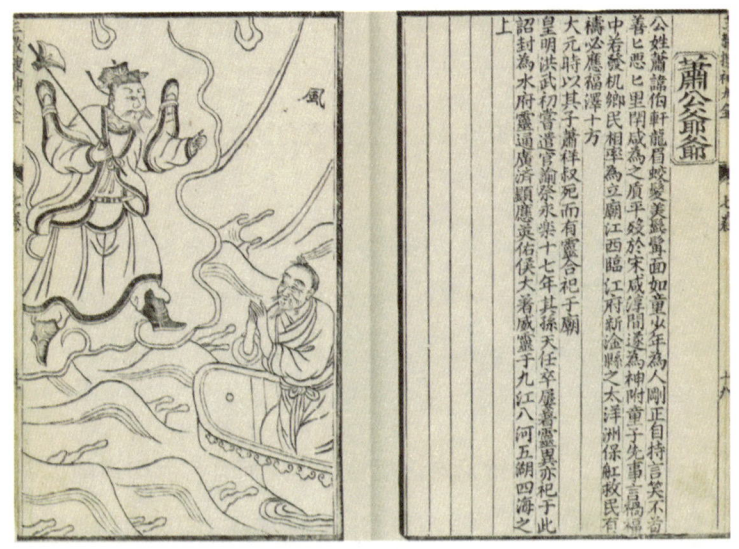

真君杀大蛇的传说由永修县传到清江县便成了同样的另一传说却又显然可见。于是，许真君在清江也杀了一条蛇了。杨四庙在清江县的四乡都有——像永泰市、程坊、邓坊——但杨将军原籍清江却又无从稽考。不过，清江县曾产生一位水神，那便是晏公戌仔。《三教搜神大全》说晏公爷爷：

《三教源流搜神大全》中的萧公像[1]

---

1 初版图注为："晏公 据图，持斧与杨四将军同——《三教搜神大全》"，此处疑为作者笔误。——编者注

《三教源流搜神大全》中的晏公像

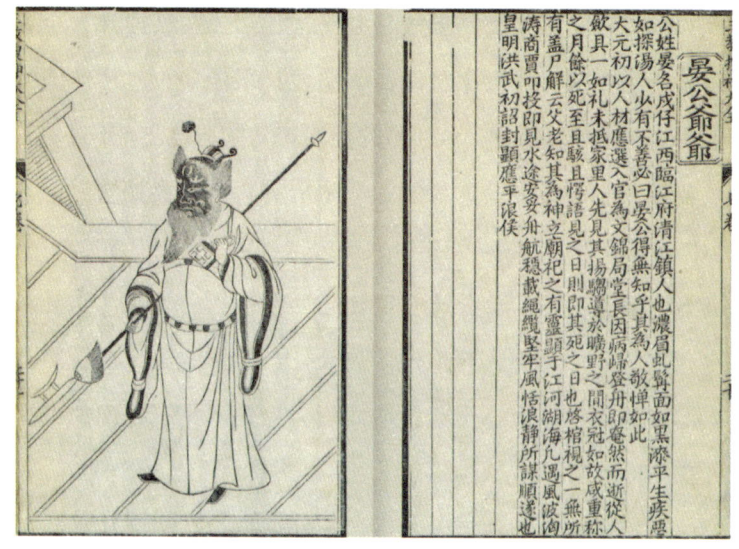

公姓晏名戌仔，江西临江府清江县人。平生疾恶如探汤。人少有不善，必曰："晏公得毋知乎？"

《清江县志》也说：

晏母墓在樟镇小市坊堤内，相传即平浪侯晏公母。

杨将军是平浪王，晏戍仔是平浪侯（《三教搜神大全》作显应平浪侯，《大王将军传》作显灵平浪侯）。从他们的个性和母亲加以臆度，清江县的杨四却又像是晏公。不过《三教搜神大全》说晏公的像貌，"浓眉虬髯，面黑如漆"，并不作童幼相；而且说"元初以人才应选入官，为文锦局堂长"，也不以屠猪为生。萧公庙在清江县西南，祀的是清江邻县新淦产生的一位水神，英佑侯萧公天任，这神的肉身在新淦县大洋洲的萧公庙里。至于说清江萧公庙是不是有杨四像，那可就不得而知了。

杨将军成神的地方除长沙、清江两处，在清江嘉兴县却还有第三处地方。杨将军井在嘉兴县城凤池坊，杨将军庙在县北一里。《嘉兴府志》说：

> 神名字世次莫考。尝入井斩蛟蜃，出化为神。

但另一种传说却又在《万历嘉兴府志》里面可以见到：

> 杨将军庙在治北一里。张宁庙碑："梁乾化中创置。将军为守将，时城陷，不屈，赴井死。"今地故有井，岁旱，汲不竭。

据庙碑的记载，嘉兴县杨将军成神的年代当在宋以前了。但杨将军第四处成神的地方却又在江苏吴县。成神的传说和嘉兴庙碑的记载是大致相同的；只是，和长沙的传说一样，说将军是宋代成神。据《苏州府志》（《图书集成》引）：

> 杨将军庙在新塘市东。《周广记》曰："将军宋人。理宗驻临安，与元力战死，藁葬陆窑塘之元后墓，时见光怪。"

将军是宋代成神却还有一种传说，像《芜湖县志》说杨将军"即宋之杨沂中"，但据《浙江通志》，却又说杨沂中是杨和大王了。《长沙县志》说："二十六代天师奏封'神'为英烈正直威猛将军。"和《滇南杂志》的杨猛将好像也不无关系，但驱蝗的神是刘猛将军，《大王将军传》说："猛将军刘承忠。"却又并非杨姓。杨将军的传说分歧真可算到了极点了。

在这里，我们先承认杨将军是长江一带的水神，又假定他的神话传说是长江一带的水神神话的复合体，而且，假定长江一带的水神神话也都有杨将军的神话分子阑入它们的里面罢。

许真君的神迹、神话从江西移到长沙产生了杨将军的神迹、神话；移来的路径，蜕变的痕迹，看前章便像能了然似的。如果再相信将军原籍是江西清江，便断定他的神话全是从江西移来，或是说这神话不过是真君神话的一种变相，依浙江和江苏的传说的分歧与上面的假定可又完全错了。

现在，再有个新的探讨，是要问长沙杨将军神话里的无义龙是从什么地方移来的呢？那么，我在这里将谈到峡江滩险了。

从湖北宜昌县沿江西上，八十里地便是红石子滩，七十里地便是如意堆。红石子滩是峡江第一险；如意堆乱石堆积，下水船在红石子滩撞破了的，到如意堆沉没得更快了。如意堆亦名无义堆，又名无义滩。《东归录》说：

> 李涉竹枝词曰："下牢戍口初相向，无义滩头剩别离。"陆放翁所谓"乱石塞江，望之可畏"者也。

严思浚《东湖滩谣》说：

> 风狂愁急浪，船小怕高桅。
> 滩神无义攫人钱，铜钱三注滩成堆。

杨将军所斩的无义龙，不就是峡江的滩神无义吗？杨四将军庙在灌县下流和峡江一带的地方各市县镇乡都有。像巴县的紫云庙，巫山县的杨四将军庙，灌县的紫云宫、杨四庙，彭水县的紫云宫。《彭水县志》说：

> 紫云宫一在城内，一在城南，亦称王爷庙。祀镇江杨四将军神，舟行者祷之。

杨将军在川中是镇江的神圣，峡江一带舟楫往来都得向他祈祷。因此，杨四庙和川中的川主祠、二郎庙各有千秋，各有灵显了。而且，大昌王爷滩有杨四洞的古迹，却也比长沙东乡紫云洞来得雄奇。《夔州府志》说：

> 杨四洞在大昌县西南二十里。其洞在王爷滩，乃宁河出巫河之水径也。洞生半崖间，上下左右数百丈尽属绝崖。洞中传闻有王爷像；洞外现有金桥杆二，远望可见。威灵显赫，行船过滩将覆者，口喊王爷，其船立刻飞渡。

深山大泽，乃生龙蛇；杨将军的威灵和神话的产生是因为有夔巫峡江的滩险。这决不是由江西将神迹移来长沙，由长沙将肉身背往江西，或是赴井藁葬、入井斩蛟所能够满意解答的事，但杨将军成神的地方能不能在四川呢？那么，且再看第四章所说的伏龙虎的杨磨和峡江的杨将军有无相关联的地方罢。

"杨模"这名称也正像"彭模"一样；四川彭山县的彭亡山又写作平模山、平无山、彭模山，也正像羊摩江又写作羊麻江、杨磨江。"杨"和"彭"都是姓，像可以由此证明；但"模"和"磨"决不会是人的名字，它们的同样的字音、字义除非是四川的土语才能够给我们以相当的解答的。

而且，在四川是不但有羊摩江的，更有个羊模洞在四川广元县的地方。《广元县志》说：

> 羊模洞在广元县北六十里。有山万仞，峭壁如削；中辟洞门，高不可尚。一名杨模洞。

这洞名便又叫杨模洞了。彭馨泉的《蜀故》也谈到羊模洞的，但是他的根据一时还不能考见。《蜀故》说：

> 永平（前蜀王建年号）四年，甲戌，利州刺史奏道场山羊模洞有神仙，或三人，或五人，往往出现；是时

> 所见，人数稍多。诏道门威仪与内使往醮谢，仍复出现。
> 诏改景仙县为金仙县，道长山为元都山，杨谟洞为紫霞洞。
> 置紫霞观以旌其事。

紫云观和紫云宫虽微有一些不同，但紫霞观的建置是因为杨模洞的改名；紫云宫、紫云台的庙名却又是杨将军的专有名称。我以为二郎神姓杨和杨将军庙名"紫云"是杨磨传说在川中的歧异的演变。因此，长沙的杨将军民间传说也会从四川的二郎神民间传说脱胎而来了。

第九章

活河神黄大王

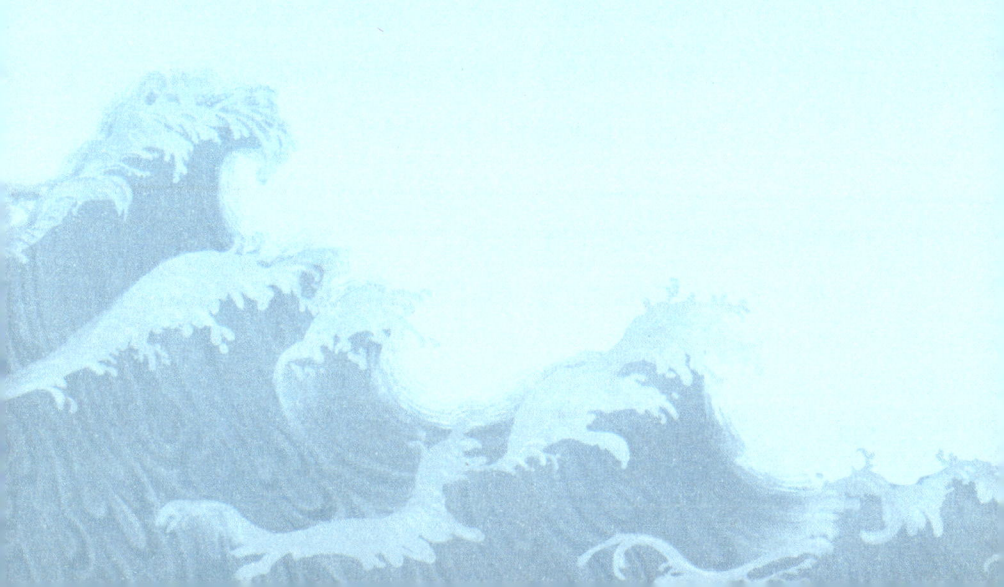

在将继续探讨杨将军神话的时候，请许我停止一刻。我将在这地方先谈谈黄河一带的大王、将军。

大王、将军都是蛇；正确一点说，法身都是蛇形。蛇也像平常的蛇，但蛇身是金色的，蛇头是方形的。这些蛇，被堤工和船户们发现了。他们说，这是什么大王，什么将军。官便虔备一只盘子，由庙祝按大王、将军的名号祝这蛇登盘子了。祝的是黄大王，蛇不登盘，那便是栗大王；祝的是栗大王，蛇不登盘，那便是王将军。

这些大王、将军本都是一些蛇么？不是的，全是人，而且是事迹有稽，姓名可考的人。最早的像元代成神的金龙四大王、晏公、萧公和明代成神宋大王、白大王。晚近的像：

朱大王。——讳之锡，字梦九，浙江义乌县人。清顺治十四年授河道总督，康熙四年薨于位。

栗大王。——讳毓美，谥恭勤，山西浑源县人。清道光十五年授东河总督，道光二十年薨于位。

王将军。——讳仁福，字竹林，江苏吴县人。清同治六年署理祥河同知，抢埽落水身故。

这蛇登盘子了。它便蟠在盘里，将蛇头从盘心昂起来。官用头顶着盘子，将蛇送到大王庙里，香花供养。这便要演戏了。蛇也能点戏的，那便是用一支红纸裹的牙筷，由庙祝从盘里挑起蛇身，供桌上铺一张黄纸写的戏单，庙祝用筷举起蛇来，从左边到右边，蛇便垂头吐舌，在它爱看的戏名下着一点（小口水涎）。这当然靠庙祝的手法，但便算点了戏了。在这些蛇的里面，黄大王最爱点戏，因为它最爱听戏。

黄大王的神话，有一段简略的记载在《池北偶谈》里面：

> 黄大王者，河南某县人。生为河神。有妻子。每瞑目久之，醒辄云，适至某地，踢几船。好事者以其时访之，果有覆舟者，皆不爽。李自成灌大梁使人劫之往。初决河水，辄他泛溢，不入汴城；自成怒，欲杀之，水乃大入。始，贼未攻汴，一日，黄对客惨沮不乐。问之，曰："贼将借吾永灌汴京，奈何？"未几，自成使果至。黄至顺治中尚在。

> 河神
> 靈佑襄濟黃大王
> 考證
> 神前明神宗萬曆年間人姓黃諱守才字英傑
> 原籍山西宏農明遷河南偃師縣萬曆三十一
> 年戊戌十二月十四日辰時神降生時雲霧藪
> 天香氣滿室空中有神語曰河神降矣三歲父
> 母俱逝依母舅劉氏衣食六歲戲於洛河深處
> 三日始出人皆驚異十二歲隨母舅駕船至

《南工廟祠祀典》中关于黄大王的记载

但《开封县志》的记载却比它详尽多了。在《大王将军传》里有大王的曾孙大成所做的《黄大王传》，和县志详尽同样，但和它大同小异。这两种记载都不像《池北偶谈》质实。大概是为尊神和祖先曲折隐讳的原故罢？但神话的雏型便因此不能见了。

现在，请许我据这两书所述和黄河一带的民间传说再谈些黄大王的神话罢。

黄大王姓黄，讳守才，字邦杰，号对泉，河南偃师县人。祖居山西洪洞县，因遭红巾贼乱，移居偃师。明万历三十一年十二月二十四日大王诞生。大王是活人为神，便是在他活的时候，他已经留下了许多的神迹。

当大王还是个一岁多的婴孩，他的小哥哥抱他在外面玩耍，将这婴孩跌到井里去了。他哥哥哭着，喊着，叫家人来救他，但他却坐在水上拍着小手笑呢。（《县志》说，是大王三岁时候的事。）

到三岁的时候（《县志》说是五岁），大王的父母都死了，他便由他舅父老刘抚养。老刘是船户，船停在洛水里面，他便在他舅父船上住着。六岁的时候，他贪看野台戏，误了他舅父的事情，被老刘随手一篙打入水里去了。老刘下水救他，连尸身都捞他不着。老刘悔恨极了，从辰时到申时只守在水边哭喊。

上水来了一只船。船上人说："老刘，你守在水边哭些什么？"老刘说："我船上的那小子掉在河里去了。"船上人说："我方才瞧见你那小子在前村的高坡上看野台戏呢。"老刘便真的去找，果然，在上流一里多路沿河某村的戏场里将大王找着了。原来，大王从上流一里多路的水里出来，衣裤都不曾湿呢。

老刘才知道他有这一个奇怪的外甥。于是，老刘要打鱼便先问他外甥了："小孩子，哪方水深，哪方水浅，哪里鱼少，哪里鱼多？"大王一一指给他的舅父，老刘便每次都得到很多的鱼了。

有一天，大王在伊水里面洗澡。这时，是六岁时候了。他在水面行走，如履平地。洗完澡，随手招只野鹤骑了，到缑山巅上乘凉去了。于是，村庄上都知道他是一位活的神圣。地方有水旱之灾，都先得求告他了。他常说，某处堤塌多少丈。人们跑去看时，都一一应了他的言语。

虞城张家楼有两百多只粮船搁浅在河沙里，运粮官吴某束手无策了，却梦见一位金甲神人说明日午时有一位活河神姓黄的在这里经过，是怎样的年龄状貌，他可以救这危难。第二天午刻，大王到了。这时大王才十二岁，随他舅父的船到了虞城。运粮官看大王年龄状貌都合，便问大王尊姓。大王说："姓黄。"姓也和梦相合了。运粮官便拜求大王；大王随手画符一道，叫运粮官拿到河边烧了。不一刻，风起沙退，两百多只粮船都安然离了搁浅的地方。大王并指示前途的行止迟速，到后来都一一应了他的言语。于是活河神的大名远近都知道了。

从此，大王便大显灵验。明天启六年，大王在天台山，这时适当大旱，掘地几尺深，寻不见半点水。大王便指地得泉，任人取用，千取不竭。伊水和洛水涨了，漂没了许多村舍，县令登门求请，大王手指河水，水便立时消退。柳园河口有一位经商的丢了银钱，他急得要自杀了，大王向他说，钱在什么地方。他便从这地方寻到他的银钱。荆隆口的河堤决了，黄河水向北流，周藩台亲自登门，向大王求计，大王叫人插几枝柳条在决口的地方，三天后水归故道。明末流寇将到偃师，百姓们挑起行李，都不知逃往哪里才能安全，大王说："都到河北楼子营去。"这地方，果然流寇不来侵扰。

但也有神力不及的事，因为这是天数。有一天，大王忽然叹起气来，旁人说："神圣也有忧愁吗？"大王说："流寇要用我的水大淹汴梁城了，可惜了城里的华屋和城里的数十万生灵。"旁人说："你只用一指之力，水便可以逆流了。"大王叹口气说："这是天数。"

但周藩台是大王的好朋友。周藩台在开封，大王在偃师，三百多里的路程，只要是周藩台派官招请，大王便骑一条有爪无角、似龙似蟒的东西应时赴约，瞬息便到，从不错期。等到开封真被流寇淹陷了，大王便亲驾小船将周藩台摄出城来，送回南京。往返六千里，从卯时到巳时，不到六点钟，大王早回偃师了。

《降龙罗汉图》（元 佚名）

到清顺治二年，河决荆隆口，清朝派工部侍郎治河，钦限两月功竣。虚縻了万金巨款，但堤工不成就。官派县令敦请大王求计。大王亲到荆隆口，将堤工点名阅看。河夫党得住——俗称塞水为挡水；党得住是挡得水住的意思——封丘县人，被大王识出来了。大王说："党得住要成神了；堤口没有他是不能够塞的。"便请官提银百两给这河夫安家。第二天，将党得住卷入埽里，将埽立在河的决口。刹时间风起浪涌，河水像狂吼似的，有一只蓝色的龙爪现出水面来。大王向河说："不要乱喊。我封你将军，随班侍直。"龙爪随声隐去，顿时风浪不惊。党得住成神了，埽便也稳固了。

清顺治七年，沁水涨了，石堤快要倒了。大王烧一道神符，水便立时退去。祀县大旱，大王焚香祝天，顿时求下雨来。王可久的儿子气绝了，大王将袍袖一拂，这小孩便活了转来。大王常替乡井求晴求雨，绅士们问大王要什么酬谢，大王说："唱野台戏。"因为大王是爱听戏的。

又传说薛家口南山有一带森林，森林里一条龙，被蜘蛛网捆住了。大王便用神火烧了蛛网，救出这条困龙。有一年偃师遭了饥荒，大王用蒸饼一包救转了一万人饥饿，而且，每人都吃得饱了。每逢大王诞辰，大王便从衣袖里拿出些梨子、枣子酬谢给他拜寿的人们，从早到晚，他袖里的果子是越取越多的。到了晚年,大王每晚骑鹿回家,或是骑一只猛虎。有人问他这些野兽是从那里得来,大王只笑笑罢了。

大王是康熙二年十二月十四日死的,世寿六十二岁。乾隆三年河督奏请封号,敕封灵佑襄济黄大王,立庙在开封相国寺东街路,名黄大王庙。配享的有三位将军:一位是填埽闭塞党将军,便是河工党得住;一位是九龙陈将军;一位是斩龙杨四将军。

原来,杨将军在南方称王,到河南却做了黄大王的护从神了。

第十章 彭蠡小龙和鳖令

黄河一带的大王、将军，最早的像元代成神的金龙四大王是浙江绍兴县人，萧公是江西新淦县人，晏公是江西清江县人，原不是北方的出产。就金蛇现身的灵异说，在宋代便有了彭蠡小龙的故事了。《豫章书》说彭蠡小龙是海昏大蛇的蛇子。现在据《梦溪笔谈》：

彭蠡小龙灵异至多，人人能道之。一事最著：

熙宁中，王师南征，有军杖数十船，泛江而南。自离真州，即有小蛇登船。船师识之曰："此彭蠡小龙也。当是来护军杖耳。"

主典者以洁器荐之，蛇伏其中。船乘便风，日棹数百里，未尝有波涛之恐。不日至洞庭，蛇乃附一商人船归南康。世传其封域止于洞庭，未尝逾洞庭而南也。

有司以状奏闻。诏封神为顺济王，遣礼官林希致诏。

子中(林希字)至祠下,焚香毕,空中忽有蛇坠祝肩上。祝曰:"龙君至矣。"其重一臂不能胜。徐至几案间,首如龟,不类蛇首也。

子中致诏意曰:"使人至此,斋三日然后致祭;王受天子命,不可以不斋戒。"蛇受命,径入银香奁中蟠三日不动。

祭之日,既酹酒,蛇乃自奁中引首吸之。俄出循案行,色如湿胭脂,烂然有光。穿一缕花过,其尾尚赤,其前已变为黄矣,正如雌黄色。又过一花,复变为绿,如嫩草之色。少顷,行上屋梁,乘纸幡脚以行,轻若鸿毛。倏忽入帐中,遂不见。

明日子中还,蛇在船后送之,逾彭蠡而回。

此蛇常游舟楫间,与常蛇无辨,但蛇行必蜿蜒,而此乃直行。舟人常以此辨之。

再据《江南通志》:

崇宁中,汴口有小龙出运纲之舟尾。舟师之妇不识也,疑为蜥蜴,拨置之。顷复缘柁而上。妇怒,举燃薪击其首。忽霹雳一声,风雨骤至。汴口官民七百艘,皆自相撞击。

舟碎，溺数百人。

寻运使上计，而小龙又出，使窘甚，因祝与偕觐。龙喜，乃戢身入匣。使至汴奏闻。取入内，祝以酒核。龙辄跃出，两手据金杯尽数爵。上大异之。取琉璃匣，贮龙于中，亲加封识。

一夕，封如故，龙已飞去矣。

黄河一带的大王、将军不也就是这一套么？而且，宋周辉的《清波杂志》也谈到小孤山的青蛇：

辉至小孤山，见旛脚及花瓶中，小青蛇盘结举首蜿蜒者甚多。祝者云："神今日在庙歆享而然。"

便可知江西、安徽一带地方，在宋时有一种祀蛇的习俗，因朝廷和官吏的提倡，从明朝慢慢地传到黄河一带，到清朝便盛行起来，产生了许多的大王、将军。习俗的流传同时是神话的流传，所以，大王、将军神话的母家有许多也在南方一带的地方。要寻找它们的根源，不能单在黄河一带寻找。

《邵氏见闻录》说偃师"乃子晋长房神仙之宅"。这自然是黄大王的神话最好的策源地。但前章所述的一段神话像百衲的道袍一样。除却骑鹤上缑山是显而易见的本地风光，俯拾即是，还有些随处都有的神话糟粕却也被兼收并蓄，蔚为大观。不过，也有两件值得探讨的记载不能够轻轻放过：

中国人有一种蛮劲，并不依"兵来将挡，水来土掩"的成法，像首都和北平的钟神神话一样，如果铸钟不成，人便跳到熔炉里去，因此，筑堤没有方法，便也把人来填堤。这在黄河一带早有王尊填堤的一段故事了。《太平寰宇记》说：

> 汉王尊为滑州太守。河水坏金堤，尊沉白马，使巫祝请以身代填金堤以止水。水至，吏士叩头救止。尊立不动，水稍却。后人因立河侯祠。

这蛮劲可真够了，但王尊还没有决心把自己卷在埽里。我们说，这便是党得住神话的根源罢，但又会使我们联想到夏得海的故事上来：

夏得海的故事在旧剧里面有一出《洛阳桥》，听说是同治初年清宫里灯彩戏的一种。《纳书楹曲谱》里有一出夏得海的"时剧"，剧情都是状元蔡襄替母亲还愿，舍金修造洛阳桥，因为建桩不成，派夏得海到海龙王宫里投文的一段故事。

这故事的出处在福建泉州府，现在是晋江县了。据《福建通志》，桥便在县城的迎恩门外二十里万安渡的地方，又叫作万安桥。桥北有一间亭子，匾额上写的是"洛阳之桥"。桥旁有蔡襄自记手书的碑。这碑说：

> 泉州万安渡石桥，始造于皇祐二年四月庚寅，以嘉祐四年十二月辛未讫功，累趾于渊，酾水为四十七，梁空而行。其长三千六百尺，广十有五尺；翼以扶栏，如其长之数而两之。糜金钱一千四百万。渡实支海，去舟而徒，易危而安，民莫不利。

便可见桥工的伟大了。再据《闽书》：

> 洛阳桥亘三里余，坦平如官道。蔡忠惠碑记文翰并美。好事者竞传桥未兴时，深不可趾；忠惠为檄，使隶捧告海神。隶太息曰："茫茫大海，安所投檄乎？"乃市酒醉饮，眠小艇上。及旦，视所捧檄已换，但书一"醋"字。隶急持白忠惠；大喜曰："神许我矣。"乃以二十一日酉时定趾。海潮旬余不至，桥遂成。

《纳书楹曲谱》里的"时剧"夏得海正演的是"市酒剧

饮"一段;《闽书》里只说是使隶投檄,一到了"时剧"里,这醉隶便有了夏得海的名字了。夏得海也正像党得住一样,是下得海去的意思,我且在这剧里引一段这样的剧辞:

> 自把那爹娘恨,恨爹娘错取了名。……何不教我上得山来锄得地,也学得黄粱圣有基;何不教我读得书来写得字,也学取皇家俸禄归……我言不顺时,错听了,忙答应。……

在这里只证明党得住的神话不过是夏得海的故事被人们加了一番变改罢了。但那一个是河夫,这一个是皂隶,那一个是填堤,这一个是下海,总还有些不相同罢。那么,我将再举出个党得住神话的确切的真根源来。《两浙海塘通志》说:

> 山阴县(今绍兴县)开元寺内有汤太守祠,祀知府汤绍恩。绍恩曾建闸浦阳江,有功于民。祠内附祭木龙,公之隶人,称木皂云。传公建闸时,工成辄毁,众束手无策,龙奋激自投闸底,身死而钜工成。邑人德之,设像二,一隶服侍公旁,一彩服坐闸上,有司春秋致祭,必别设物品先祀之。《府县志》皆失载。惟程鹤翥《二

江闸务全书》有木皂名。又云:"即公夫头。建角字头洞,即大显灵异以助。因设像于三江城外西堰土谷祠及天妃宫二处。"

汤绍恩是明嘉靖五年进士,十四年做绍兴府知府,雍正三年敕封宁江伯。蔡襄建桥,汤绍恩建闸,就事实的时代说都比党得住填堤的时代早,而且,汤太守受清朝敕封的年代和黄大王死的年代并不能说相差很远。这便可见夏得海故事和木皂神话阑入在黄大王神话里做它的一部分的显明的痕迹了。所以,党得住的神话也正和金龙现身的灵异一样原不是北方的出产。

再就黄大王的幼年神话说,如果将这神话和第一章所述的杨将军的神话相比竟像同一副铜版似的。杨将军在昆明县杨四庙作童幼相,在《大王将军传》里也说:

斩龙杨四将军,河南温县人。生而有灵明。明永乐间,时年十二。邑水暴涨,作楫济渡,忽失足落水。父大哭。俄见乘板嬉笑;欲呼之,复入水,伸手作龙蛇状,顺流东下。是夜乡人同梦,言受封为将军。

在这里，杨将军又有个新籍贯了，而且，这温县杨将军的幼年和长沙杨将军的幼年也像是同一副铜版。便假定杨将军的神话从南方移到北方，再阑入在黄大王的神话里罢。不过，幼年成神在南方一带的水神神话里是一种通例，也不但杨将军的神话如此，像《新淦县志》载《大洋洲萧公庙记》：

> 萧伯轩，晚有神识，没为水府之神。子叔祥，复生而神异，往往能拥护舟楫于江湖风浪之间。其次子天任，亦生而有灵异，人所叩无不前知。所谓英佑侯者。

又像《嘉兴府志》说附郭秀水县施府君庙的庙神：

> 府君宋人，名伯成。九岁为神。建立庙宇百有余年。景定甲子旱，祷雨立应。敕封护国镇海侯。

便都是这一类了。再据钱广居《建德县神庙记》：

> 周宣灵王，初名雄，后改名缪宣。少受仙指。失足堕水，溯波而上，香闻数十里。因而建庙，塑像于衢城之西。

《新刻出像增补搜神记》中的灵泽夫人像

将这和黄大王、杨将军的幼年神话相比，也竟是同一样的神话。不过，《仁和县志》却另有一段记载：

> 周宣灵王庙，在褚家塘广丰仓侧。神姓周，名雄，字仲伟，杭之新城涂渚人。宋嘉定四年为母疾走婺源，祈祐于五显庙，回至衢而卒。郡人为立庙，祈祷辄应。

徐士晋的《庙记》和《县志》所记的微有不同。庙记说："神贾于衢，闻母病，破浪而行，为水所没。"却承认神是被水淹死的了，而且说神的"肉身，敛布加漆，现今植立庙中"。可知神的"肉身"被人捞得，且没有被江西法师之类的人们将这"肉身"背走。于是，"溯波而上，香闻十里"的神话便也像长沙杨将军的神话一样，因为神的"肉身"而产生了。

有一个相同的例，在安徽芜湖县。便是说县西南七里大江里蟂矶上有一所灵泽夫人祠，祠神是东吴的孙夫人。刘淮《灵泽辨疑记》有一段这样的记载：

> 芜湖之江有蟂矶，其上为灵泽夫人祠，芜俗崇祀之。皆曰，夫人汉昭烈之配，吴大帝女弟也。省母归溧江，闻昭烈崩，哀殒，葬此山。一日，吴蜀各图，夫人无处，

孙夫人像（清 顾洛）

> 遂殁于矶。邦人义而祠之。

《辨疑记》说孙权的母亲是建安十二年死的,孙夫人到十四年才归刘备。省亲闻讯,自是无稽之谈。《蜀志》说:"先主既定益州,而孙夫人还吴。"裴松之注引《赵云列传》又说:"先主入益州,云领留营司马。权闻备西征,大遣舟船迎妹;而夫人欲将后主还吴。云与张飞截江而得后主还。"便承认夫人还吴有这一件事实罢;但说夫人殁于蠙矶,却不见有什么依据。

《三国演义》说:"夫人投江而死。后人立庙江滨,号曰枭姬祠。"旧剧里有一出《孝义节》,剧情是孙夫人的鬼魂向她的母亲吴后托梦,说她投江以后,尸便逆水西流,现在芜湖关边;又蒙上帝敕封枭姬娘娘,请吴后替她立庙的事。于是,便从夫人殁于蠙矶的传说引到夫人尸体逆水西流的神话上面来了。这剧里有一段这样的剧词:

> 儿的尸向西方逆流漂上;蒙上帝敕封我枭姬娘娘。
> 女阴魂想西川独自难往,尸现在芜湖关江北道旁。

但据《舆地纪胜》,蠙矶只是一所蛟穴。而且,"枭姬"

这封号也太不雅驯，便可知这不过因蟆矶的地名被民间牵强附会罢了。《舆地纪胜》说：

> 蟆，老蛟也。今蟆矶南有一石穴，广深巨测，此蟆所居。昔时尝出害人。黄庭坚书蟆矶云："蟆似蛇，四足，能害人。贾生所谓'偭蟆獭而隐处'者也。"

因蟆矶的地名产生了枭姬的敕封，更因为这封号将夫人神化了，在投江的传说里产生了尸体逆流的神话。这并不因浙江和湖南有两个相同的神话，当然，也不因黄大王和温县杨将军的神话而生。它们是都有它们的本体的。现在，且将《路史》论鳖令的一段话写在下面：

> 按诸《蜀论》，记"杜宇末年，逊位鳖令。鳖令者，荆人也。鳖令死，尸随水上，荆人求之不得。至蜀起见望帝，望帝以之为相。后禅以国，去之，隐于西山"。
>
> 据《风俗通》等："鳖令化从井出，既死，尸逆江至岷山下，起见望帝。时巫山拥江，蜀洪水，望帝令令凿之，蜀始陆处。以为刺史，号曰西州。自以德不如令，从而禅焉。是为蜀开明氏。"

鳖水名也。字亦作"鳌";县在牂柯。而刺史乃秦官。
故王充、刘知几以子云之纪荆尸为妄。

鳖令便是开明,是古代四川治水的一位人物。而且,就刺史是秦官设想,不又想到李冰身上来了么?

我们可以断定鳖令神话是其他相同的各神话的根源。也不但黄大王的幼年神话产生在南方一带的地方,也不但杨将军的神话从南方移到北方再阑入在黄大王的神话里面,而且和南方一带的同样的神话全都是四川的鳖令神话一母所产。

在这里,第八章的一个决定——杨将军的威灵和神话的产生是因为有夔巫峡江的滩险,又多了一个旁证了。

第十一章

龙公神话与龙母神话

虽说鲧后变蛇在中国历史上像也是一件史实，但终不成说孙夫人是螺矶下的那条老蛟。不过，据前面所举的许多神话，像李冰、张路斯、许真君化龙和龙相斗；张路斯的九个儿子全都变成蛟龙；温县杨将军落水，伸手作龙蛇状；黄河一带的大王将军法身全是金蛇；人和蛟龙在水神神话里原不必有明确的辨识，便说这些神话全是"龙公神话"好了。

最早的"龙公神话"当然是大禹的神话。《帝王世纪》说："修巳吞神珠薏苡，胸坼而生禹。"《论衡》也说："禹母吞薏苡而生禹。"《遁甲开山图》说：

> 女狄暮汲水，得石子如珠，爱而吞之，有娠。十四月生子。及长，能知泉源，代父理洪水，尧乃赐号禹。

尧为什么赐号禹呢？因为禹"能知泉源"。禹为什么"能知泉源"呢？因为禹是石珠化的龙子。这正像第二章所述的"红珠"一样，不过这是女人吞了，便不会自己变龙。因为她会产出龙子，使她自己成为"龙母"。不过她的龙子大了，却又是会变成龙的。所以，《随巢子》说：

> 禹娶涂山，治鸿水，通轘辕山，化为熊。涂山氏见之，惭而去。至嵩高山下，化为石。

颜师古《汉书注》（《路史》引《淮南子》略同）更说得比较详细：

> 禹治洪水，通轘辕山，化为熊，先谓涂山氏曰："欲饷，闻鼓声乃来。"禹跳石误中鼓，涂山氏往见，禹方化熊，惭而去。至嵩高山下，化为石。方孕启。禹曰："归我子。"石开北方而启生。

大禹化熊也正像李冰化牛一样，在古人意识里像不必强和龙加以区别；这里说"禹化为熊"，便是说禹现出龙的原形。因此，便把他的夫人气僵了，变成一块石头，却又破开石的北方把她怀的身孕交给禹了。这石便是启母石，在河南登封县——现在是民治县了——嵩山下崇福宫的左方。民治县又有一所启母庙,祀的便是这位石母。只是顾野王、卢元明都以为化石的是阳翟妇人。卢元明《嵩高记》说:

> 阳翟妇人娠三十月,子从背出。五岁入山学道,为母立祠,曰开母祠。

阳翟妇人却又像大禹的母亲了。这里说"五岁入山学道"便好像禹也是幼年成神似的。只认明这一点罢。至如说替"龙公"订家谱的工作,我们是不必做的。便单就化石的传说讲,载籍上也五花八门。像:

河南新野县北白河岸的望夫石。——《大明一统名胜志》说:"世传一妇人望夫,伫立忘归,乃化为石。"

陕西紫阳县西南的望夫石。——《大明一统名胜志》说:"旧传有妇人,其夫从戎。朝夕登望,后化为石。"

四川梓潼县的五妇候台。——《蜀记》说:"蜀王遣五丁迎女,至梓潼,五丁踏地大呼,五女并化为石。蜀王筑台而望之,不来,因名五妇候台。"

四川剑阁县的石新妇。——《蜀记》说:"昔有夫远征,妻送至此,大泣不忍归,因化为石。至今郡人祠之。"

湖北武昌县北山上的望夫石。——《幽明录》说："石若人立。传云，昔有贞女，其夫从役，走赴国难，携弱子饯送此山，立望而死，形化为石。"

湖南桂阳县的贞女峡。——《水经注》说："山下有石如人形，高七尺，状如女子，故名贞女峡。古来相传有数女取螺于此，遇风雨昼晦，忽化为石。"

安徽当涂县北的望夫山。——《太平寰宇记》说："昔人往楚，累岁不还。其妻登山望夫，乃化为石。"

浙江黄岩县五龙山的消夫人。——《临海记》说："五龙山脊有石耸立，大可百围，上有丛木，如妇人危坐，俗号消夫人。父老云，昔人渔于海滨，不返。其妻携七子登此山焉，感而为石。下有石人七躯，盖其子也。"

《路史》说乌程（浙江吴兴县）张渤疏河的传说和大禹化熊相同，便以为"大禹之化，厥有由矣"。颜真卿《横山庙碑》说张渤的父亲张秉是夏禹时人，和天女相遇，生了张渤。《祠山事要指掌录》（唐天宝中改横山为祠山）里有一说是张秉事禹，分治水土，上帝说他有功吴分，所以把天女许他为配，生了儿子，便以水德王其地。这传说更和大禹有深的关系了。《指掌录》的又一说和《三教搜神大全》都说张渤是西汉时人，父名龙阳君，母名张媪。据《三教搜神大全》：

> 龙阳君与媪游于大湖之陂，正昼无见，风雨晦冥。云盖其上，五祥青云，雷电并起，忽失媪处。俄顷开霁，媪言见天女谓曰："吾汝祖也。"赐以金丹，已而有娠。怀胎十四个月，当西汉神雀三年三月二十一日夜半"真君"生。长而奇伟，宽仁大度，喜怒不形于色。身长七尺，隆准美髯，发垂委地，深知水火之道。

这正像《史记·高祖本纪》刘媪息大泽之陂梦与神遇的故事一样，是"龙子"出世的一个证明罢了。《指掌录》和《三教搜神大全》说祠山发灵的事迹，记载相同。今据《三教搜神大全》：

> 有神告以地（武陵郡龙阳洲）荒僻，不足建家，命行。有神兽前导，形白马，其声如牛。遂与夫人李氏东游吴会稽，渡浙江，至茗霅之白鹤山。山有四水，会流其下，公止而居焉。
>
> 始于吴兴郡长兴县顺灵乡发迹。役阴兵，自长兴荆溪疏凿圣渎，长十五里。岸长七尺，阔二十二丈至十五丈，总三十里。志欲通津于广德也。复于后村毕家保小山枫树之侧为挂鼓坛。

> 先时与夫人李氏密议为期，每饷至，鸣鼓三声，王即自至，不令夫人至开河之所。厥后因夫人遗飧于鼓，乃为乌啄，王以为鸣鼓而饷至。洎王诣鼓坛，乃知为乌所误。及夫人至，鸣其鼓，王反以为前误而不至。
>
> 夫人遂诣兴工之所，见王为大豨，役阴兵开凿渎河。王见夫人，变形未及，遂不与夫人相见。圣渎之功息矣。
>
> 遁于广德县西五里横山之顶。居民思之，立庙于山西南隅。夫人李氏亦至县而化，时民亦立其庙。
>
> 圣渎之河，涸为民田。挂鼓之坛，禽不敢栖，蚁不敢聚云。

横在我们眼前的是一条疏凿不成、涸为民田的运河，在浙江吴兴县、长兴县一带的地方。但这运河的神话是和大禹化熊一样的"龙公神话"，正确一点说，是大禹神话的另一化身。神兽、大豨也和牛、熊一样，不必和龙强加区别；祠山大帝张渤的出生年代原不一定，便和禹是一是二也不用深费辩辞了。只是，禹的母亲，妻子传说是化为石人，张渤的妻子不知是"化"的什么？张媪除生了张渤不闻有别的记载，但汉高祖的母亲刘媪据载籍却变成一条丹蛇。《陈留风俗传》说：

> 沛公起兵野战，丧皇姁于黄乡。天下平定，使使者以梓宫招魂幽野。于是，丹蛇自水自洒濯，入梓宫。其浴处有遗发。谥曰昭灵夫人。

在这里可以回转笔来谈一谈"龙母神话"了。为什么龙的神话大都牵及"龙母"，把龙子都变成孝子呢？这不是说"禽兽知母而不知父"，这却是古代帝王"感生"说的一种变形。帝王龙生，像《博物志》说徐偃王的诞生也最和龙的神话近似。《博物志》说：

> 徐君宫人娠，生卵。以为不祥，弃于水滨。孤独母有犬，名鹄苍，衔所弃卵以归，覆暖之，遂成小儿，生偃王。故宫人闻之，更收养之。及长，袭为徐君。后鹄苍临死，生角而九尾，盖黄龙也。

便可知帝王龙生的传说，从伏羲、神农……直到汉高祖，另一旁枝从瑞应走到神话里面来了。见于载籍的像《道家杂记》说张鲁女产龙的神话：

> 张鲁女尝浣于山下，有雾蒙身，遂孕。耻之，投汉

水而死。鲁因葬女于龙冈山顶（在陕西南郑县境）。后有龙子数来，游母墓前，遂成蹊径。

又像《吕灌园测幽记》说游贱的妻子产龙的神话：

> 熙宁中，农夫游贱妻刘，浴于溪，遇黄犬迫而有娠。期年，产两鲇鱼，家惊异，以大缸贮之水中。须臾，雷电晦冥，鱼失所在。甫三日，刘亦死，葬于溪东矶阜之上（在江西南丰县境）。数日雨，溪水大涨，众见两鱼循绕墓旁，所行处辄陷。里人惊骇，号曰龙母墓。

游贱妻产龙的神话在《搜神后记》里面有它的根源，又像是"怪胎"的一种附会。《搜神后记》说：

> 长河江边一女子，渚上浣纱，身忽怀娠。生三物，皆如鲩鱼，异之，乃著澡盘中养之。经三日。此物遂大，乃是蛟子。暴雨三蛟皆出，遂失所在。

在"怪胎"的后面添一点出蛟的奇闻，但三蛟都失所在，下文便没有了。游贱妻的神话可又给它添上一段两鱼绕墓的

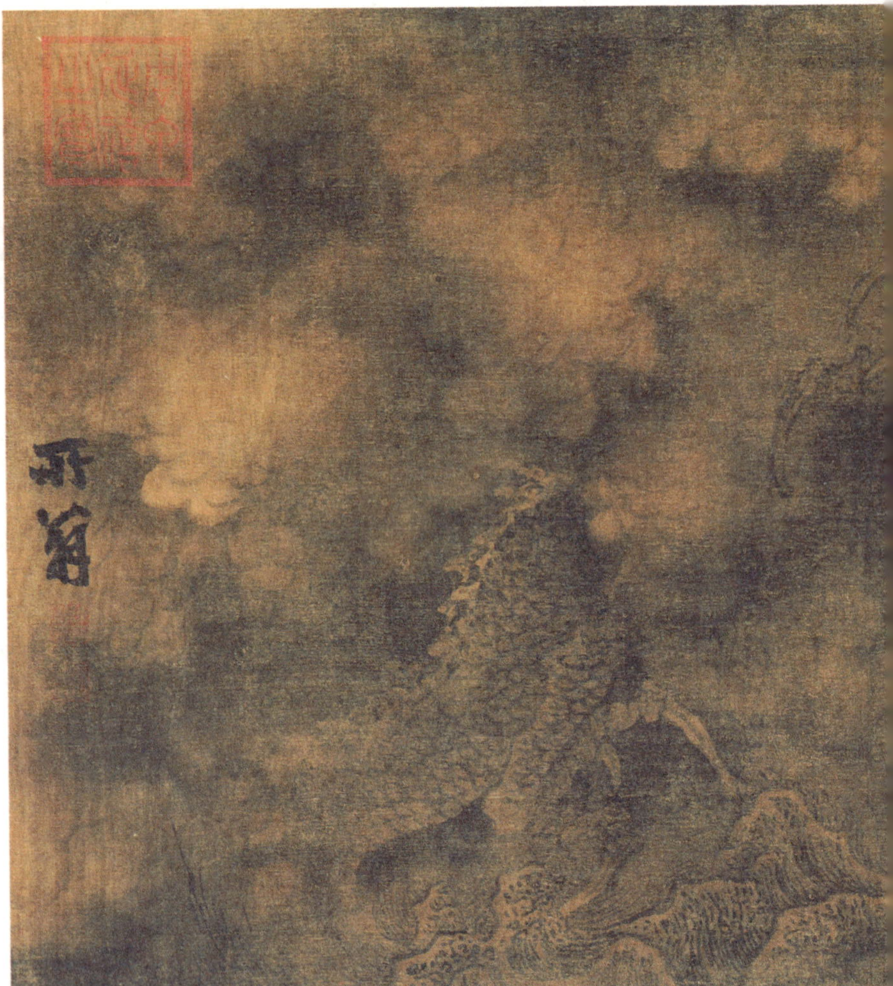

《雷雨升龙图》（南宋 陈容）

传说。于是，"龙母神话"便在这墓的上面完成了。

张鲁女、游贱妻的产龙神话像徐偃王龙生的传说一样的简朴。但龙母有龙子也不一定全由自己产生，像鹄苍不生龙王也能够成为龙母。于是，"龙母神话"的范围便因此扩张了些。像《搜神记》说邛都（四川越嶲县）老姥饲龙子的神话：

邛都县下有一老姥，家贫孤独，每食，辄有小蛇，头上戴角，在床间，姥怜而饴之食。

后稍长大，遂长丈余。令有骏马，蛇遂吸杀之。令大忿恨，责姥出蛇。姥云："在床下。"令遂掘地，愈深愈大而愈无见。令又迁怒杀姥。

蛇乃感人以灵言嘖令："何杀吾母？当为母报仇。"此后每夜辄闻若雷若风，四十许日。

百姓相见，咸惊语："汝头那复戴鱼？"是夜方四十里与城一时俱陷，土人谓之陷河。

唯姥宅无恙，讫今犹存。渔人采捕，必依止宿；每有风浪，辄居宅侧，恬静无他。

风静水清，犹见城郭楼橹显然。

这神话的另一传说在《王氏闻见集》，更掺入了梓潼神的附会在原有的神话形态里面。《王氏闻见集》(《太平广记》引）说：

> 陷河神者，巂州巂县有张翁夫妇，老而无子，翁日往溪边采薪以自给。无何，一日于岩窦间刃伤其指，其血滂注，滴在一石穴中，以木叶塞之而归。他日，复至其所，因抽木叶视之，乃化为一小蛇。翁取于掌中戏玩移时，此蛇纷纷然似有所变，因截竹贮而怀之。至家则啖以鸡肉，于是甚驯扰。
>
> 经时渐长。一年后，夜盗鸡犬而食，二年后盗羊豕，邻家颇怪失其所畜，翁媪不言。
>
> 其后县令失一蜀马，寻其迹，入翁之居。迫而访之，已吞在蛇腹矣。令惊异，因怪翁畜此毒物。翁伏罪，欲杀之。
>
> 忽一夕，雷雨大振，一县并陷为巨湫，渺渺无际，唯张翁夫妇独存。其后人蛇俱失，因改为陷河县，曰蛇为张恶子。
>
> 尔后姚苌游蜀，至梓潼岭上，憩于路旁。有布衣来，谓苌曰："君宜早还秦，秦人无主，其康济者在君乎？"请其氏，曰："吾张恶子也。他日勿相忘。"
>
> 苌还，后果称帝于长安，因命使至蜀求之，弗获。遂立庙于所见之处，今张相公庙也。

于是，这天上的文昌星、周代的贤大夫、秦代的谏士、汉代的如意太子、姚秦时的张恶子、和二郎神平分两川的梓潼神却又是一条蛇了。但除去这参入的分子，这传说和《搜神记》的传说一样，是"龙母神话"的原始面目和大地沦陷传说的集合体，只是这传说里的"龙母"却成为男性的张翁了。

和这神话形态同样的神话传说，像河北武强县担生蛇的"龙母神话"，"龙母"的男女性更不分明。因此，"龙母神话"的范围便又更加扩张了些。《大明一统名胜志》说担生蛇的神话：

> 武强县有武强泉即担生蛇所陷之处。耆老传云，邑人行于途者，见一小蛇，疑其有灵，持而养之，名曰担生。长而噬人，里中患之，遂捕系狱。担生负而奔，邑沦为湖，县长及吏咸为鱼矣。

再像《太平寰宇记》说刘元海城的龙母神话：

> 晋永嘉之乱，元海僭称汉，于此（山西临汾县）置都，筑平阳城。尽夜工作，不久即崩。募能城者赏之。
> 先有韩媪者，于野田见巨卵，旁有婴儿，收养之，

字曰橛儿。

时年四岁,闻元海筑城不就,乃白媼曰:"我能成之,母其应募。"媼从之。

橛儿乃变为蛇,令媼持灰随后遗志焉。谓媼曰:"凭灰筑城,城可立矣。"竟如其言。

元海问其故。橛儿遽化为蛇,投入山穴,露尾数寸。使者斩之,仍掘其穴。

忽有泉出,激溜奔注,与晋水合流,东注于汾。至今近泉出蛇,皆为灵异。因立祠焉。

这神话和前面三种神话传说一样,有旁的神话分子(像张仪依木龟行处筑成都子城的传说)参入在它的里面,也不是"龙母神话"的原始面目,因此,它们比张鲁女、游贱妻的两个神话便都来得繁复些了。在这里,像可从神话的繁复与简单证明龙母"饲子"比"产龙"的神话或许要较为晚出。

刘元海城的龙母神话,像龙子字曰橛儿,使者斩断蛇尾,和南方一带的掘尾龙神话像多少有些关系。掘尾龙神话的产生地有一处是广东的德庆县。据刘恂《岭南录异》的记载是不能够找出"掘尾"的传说来的。《岭南录异》说:

> 温媪者，即康州悦城县孀妇也。绩布为业。尝于野岸拾菜，见沙草中有五卵，遂收归，置绩筐中。不数日，忽见五小蛇壳，一斑四青，遂送于江次，无意望报也。
>
> 媪常濯浣于江边。忽一日，鱼出，跳跃戏于媪前，自尔为常。渐有知者，乡里咸谓之龙母，敬而祀之。或询以祸福，亦言多征应。
>
> 朝廷知之，遣使征入京师。至全义岭，有疾，却返悦城而卒。乡里共葬之江东岸。
>
> 忽一日，天地暝晦，风雨随作。及明，已移其塚，并四面草木悉移于西岸矣。

但《广州记》和《南越志》便都有"掘尾"的记载了。《广州记》说：

> 浦溪口有龙母养龙，裂断其尾，因呼其溪为龙窟。人时见之，则土境大丰而利涉。

《南越志》的记载比《岭南录异》更来得繁复。《民俗》九期、十期，客肇祖《德庆龙母传说之演变》也说比《岭南录异》的记载较为晚出了。《南越志》说：

> 昔有温氏媪者,端溪人也。常居涧中捕鱼以资日给。忽于水中遇一卵,大如斗,乃携归,置器中。
>
> 经十余日,有物如守宫,长尺余,穿卵而出。因任其去留。稍长五寸,便能入水捕鱼,日得十余头;稍长二尺许,得鱼渐多。常游波中萦回媪侧。
>
> 媪后治鱼,误断其尾,遂逡巡而去,数年乃还。媪见其辉色炳耀,谓曰:"龙子今复来也。"因盘旋游戏,亲驯如初。
>
> 秦始皇闻之曰:"此龙子也,朕德之所致。"诏使者以元珪之礼聘媪。媪恋土不以为乐。至始安江,去端溪千余里,龙辄引船还,不逾夕至本所。如此数四。使者惧而止,卒不能召媪。
>
> 媪殒,瘗于江阴(悦城有龙母墓)。龙子尝为大波,至墓侧,萦浪转沙以成坟。土人谓之掘尾龙。今南人为船,为龙掘尾,即此也。

便可知掘尾龙在"龙母神话"里面也是一种新的参入;参入的原因是因为南人为船,为龙掘尾。船既有这样的一种装饰,人便以为有这样的一种龙了。于是,有的便说龙的尾巴是被使者斩断的,有的便说是被龙母斩断的,有的便说是被许真君斩断的，或是被得道的和尚剪断的。——这且留待以后说罢。——有的像《民俗》一〇二期温仇史《掘尾龙拜山》便说这龙的尾巴是被雷公打断的。这神话的大意是：

为什么我们这地方每到清明左近便时常有暴风大雨呢？

阿象这小孩子拾了一只龙蛋了，蛋里生出一条小蛇。阿象瞒着别人将这小蛇豢养起来了。

蛇渐渐长大了，像小孩的手臂。阿象便将这蛇放到山里去。蛇的性格很和善，从来不伤生命。因此，阿象和蛇做了朋友了。

阿象的妈病了，要蛇肝诊病。阿象走到山里将这话向蛇说了，蛇便允许阿象到它肚子里去割它的肝，把阿象妈的病给诊好。

后来阿象妈的病又发作，阿象只得又到山里去割那蛇的肝。因为想一劳永逸，便给那蛇大大的割了一下；蛇痛到不能忍受，只得将蛇口紧闭，把阿象闷死在它肚子里了。

蛇便替阿象行孝报母。不几年，阿象的妈死了，蛇将她埋在某处。

蛇本有成龙的希望的。但因为杀了阿象，天帝便不给它变龙。它一怒走出山外，又伤残了不少的生命了。天帝命雷公打它，打断了它的尾巴。

阿象的妈现在是龙母了。那掘尾龙年年来上她的坟墓。每年到清明左近的暴风大雨，便是它拜山时所经过的地方一种必有的现象了。

参入在掘尾龙神话里的便又有南方定期风雨的一种解释，像河北获鹿县，飞龙山神的神话一样。《赵记》说：

> 每岁疾风、雷、雹、雨东南而行。俗传此山神女为东海神儿妻，故岁一往来。

但是飞龙山神神话的最初形态，却并不是用来解释定期风雨的。《博物志》说：

> 太公为灌坛令。武王梦妇人当道夜哭，问之，曰："吾东海神女，嫁西海神童。今为灌坛令当道，废我行；我行必有大风疾雨，是毁君之德也。"
> 武王觉，召太公问之。果有暴风疾雨从太公邑外而过。

《山海经》说:"帝之二女,出入必以飘风暴雨。"却正和这相类,这只是说神行必有风雨罢了。不过由此可以推想,定期风雨当由于神的定期行动。于是,许多的神话便都因这推想确立了它们的相类似的形态了。像飞龙山神神话、南方龙拜山的神话和浙江平湖县陈山白龙洗墓的神话。《嘉兴府志》说:

> 平湖县龙湫山,一名陈山,山半有灵湫,乃白龙所窟。又有龙母冢,其旁有盘陀巨石。相传白龙以三月十八日生于吴之阳山,归葬其母于此。故每岁是日,阳山及此山多云雾晦暝雷雨之变。

但据《闲窗括异志》却又和《府志》所载微有不同:

> 陈山在县东北四十里,有白龙湫、显济敷泽龙王庙。山顶有龙穴,遇旱祷于穴,必见异物。见,因取其水祀之,雨即滂沛。又有龙母冢在焉。每岁常在七月,多风雨,人谓龙洗墓云。

《府志》说是三月,《闲窗括异志》却说是七月。清明和中元,虽都是扫墓的节气,三月和七月也都有不时的风雨,但这里只可见定期风雨的神话解释也不过惝恍其辞罢了。

第十二章 九子与四圣

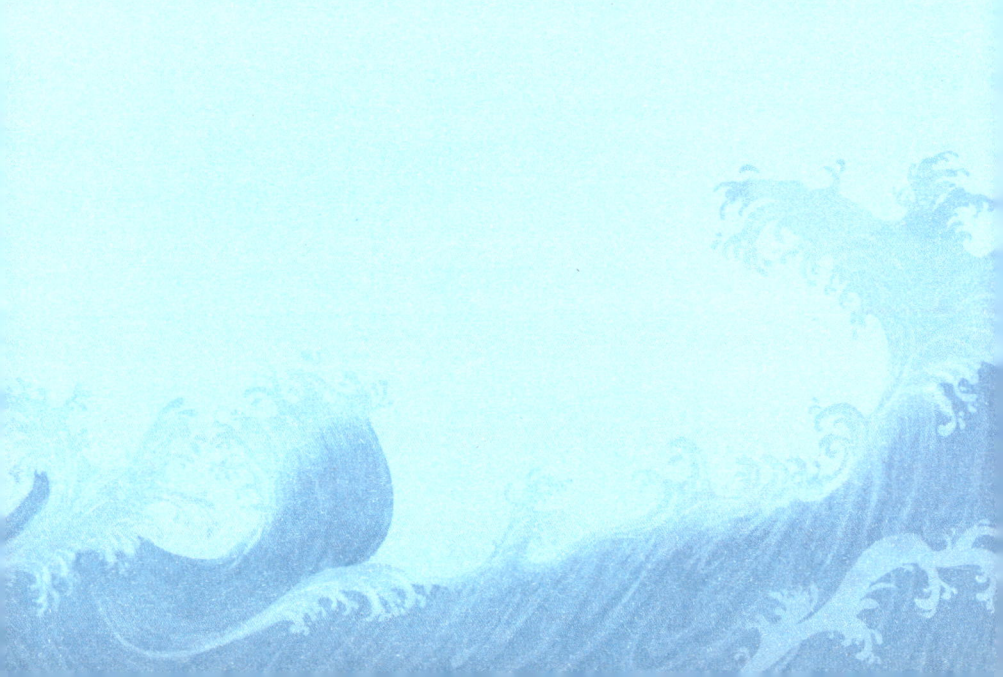

掘尾龙的尾巴被许真君斩断的神话——掘尾龙的另一神话，或者是许真君的另一神话，我在这里举出来了。这神话的产生地是浙江金华县，但神迹在安徽歙县。却不在金华本处。《民俗》八十六、七、八、九期曹松叶《金华城的神》说：

以前有一位知府到徽州去上任。船开到梁（码头）下了，知府太太的金钢钻忽然落下河去。叫跟随去捞，捞不上来。但是水清如镜，金钢钻在水里，明明可以瞧见。最后知府亲自出马，捞得了金钢钻了。知府便携带太太上任视事。

许真君是徽州城里问政山佛寺里的小和尚，因为吃了何首乌，成了仙了。真君见知府衙门妖气笼罩，又听说衙门的后花园里有一百只水缸，每只缸盛清水一百斤，知府每天在缸里洗澡一次。他便私自去看，原来这知府却是一条大龙,在河里把下水的知府吞下,却化成他的样子,占了他的妻子,顶了他的官职。

后来知府太太要生儿子了,真君便带剑去瞧。知府太太生一条龙,真君便拔剑斩一条龙。生到第九条,真君拔剑要斩,那龙跪在地下,流涕哀求,真君说这龙有人心,斩去它的尾巴,让它逃生去了。

大龙知道了,也只得向外逃生。真君由徽州追到江西龙虎山,把大龙捉住了,便将这龙锁在一间井里。大龙问真君:"什么时候可以出井?"真君说:"要等到铁树开花。"

乾隆下江南的时候,大龙想跳出井来吃这皇帝。但现在大龙还在井里,真君也在江西坐镇,江西的人们全都敬奉真君。

知府太太死了,便葬在问政山上。她第九个儿子——掘尾龙,每年总来挂扫它母亲的坟墓。因此,徽州二三月间必有一次暴风。

坟前有一间小池,每年当暴风过后,池里有一对鲫鱼,这便是掘尾龙挂山时留下的一种标识。

这神话是真君斩孽龙的神话分子参入在另一种神话形态

里面来了。将真君神话分子除去便成为"虐龙望母"的神话。这神话是浙江浦江县的道地出产,据林兰《鬼哥哥》童话集的记载:

> 有两夫妻到一个寺里去烧香,过桥时妻的戒指掉下水去,她丈夫下水去捞,被龙吞了。龙便变成她的丈夫。拿着戒指上来。
>
> 他们到了寺里,被一个得道的和尚看见了。一天,这和尚到他们家里化缘,向她说起她丈夫是妖精的事情,劝她在丈夫洗澡的时候偷看一下。
>
> 她丈夫用七大缸清水放在密室里,在半夜里进去洗澡。她便在窗纸上刺孔偷看,果见有一条大龙在七口缸里跳来跳去地洗澡。
>
> 她到寺里求和尚救她,和尚替她画一张符贴在她家的门上,龙便不敢来了。
>
> 过了八九个月,她要生儿子了。因为怕生龙,忙差人去请和尚。和尚备一个火炉,拿一把火钳,将她所生出来的小龙,一条一条都钳入火炉里面烧死。
>
> 当和尚钳住她最末了所生的第十条小龙,她眼里掉下泪来。和尚说:"那便饶它一条性命罢!"她点了点头。

和尚便将小龙尾巴剪了,放它逃走。

断尾龙飞在天空,回头向它母亲说:"妈,什么时候再来望你?"她答道:"年稔丰熟来望娘。"

断尾龙慌了,听错做"满城风雹来望娘"。所以如今浦江人都说,打风雹就是虐龙来望娘。

这神话虽和徽州没有关系;但除去掘尾龙的神话分子便成为徽州的一种传说。《太平寰宇记》说:

> 李聿任歙州刺史,经鼉浦(在当涂县南一里),有鼉魅领聿妻子往新安(便是歙县)就任,幽聿本身于潭中。三年,聿从潭出,往寻妻子,不复识。乃往山东学法,斩其鼉魅,妻子乃识之。

李聿的传说从歙县移到浦江,和掘尾龙的神话相合,产生了"虐龙望母"的新的形态,是一件很明显的事情,可不必再费辞辨了。而且,李聿传说在歙县的另一分歧却又早和许真君斩蛟有神迹上的关系。《歙州图经》(《太平广记》引)说:

> 歙州祁门县（今安徽祁门县）蛟潭，俗传武陵乡有洪氏女许嫁与鄱阳黎氏。将娶，吉日未定，蛟化为男子，貌如其婿，具礼而娶去。
>
> 后月余，黎氏始到，知为蛟所娶，遂就蛟穴求之。于路逢其蛟，化为人，容貌殊丽。其婿心疑为蛟，见蛟窃笑，遂杀之，果复蛟形。
>
> 又前至蛟穴，见其妻，并一犬在妻之旁，乃取妻及犬以归。始登船而风雨暴至，木石飞腾，其妻及犬皆化为蛟而去。
>
> 其后道人许旌阳又斩蛟于此，仍以板窒其穴。

这传说是李聿传说的分歧，但又像慎郎传说的旁证，便说是两者之间的一种传说罢。江西和安徽有不少的沟通，在以前早有说明。许真君为什么会参入金华神话里去，是歙县的神话形态移入浙江和掘尾龙的神话相合顺便携带走的，便也是很明显的事情了。

金华神话说知府太太生了九条龙子，浦江神话说和尚烧死九条龙子。虽说浦江龙母生了十条小龙，但我以为原是九条，十条是传闻上的错误。为什么龙母产子，会一胎连生九条龙子呢？这在前两个神话里面虽是个微小的成分，但很值得探讨。第三章不也说张路斯的夫人石氏生了九个儿子，到后来九子都化成龙么？福建仙游县有一间九鲤湖，《三教搜神大全》说九鲤湖仙是：

> 何通判妻林氏生有九子，皆瞽目。只有大公子一目不瞽。其父一日见之，大怒，欲害之。其母知觉，速命人引九子逃。至仙游山东北山中修炼，名九仙山。又居湖侧炼丹。丹成，各乘赤鲤而去。故湖名九鲤。

但据《仙游县志》所载却又微有不同，而且，比《三教搜神大全》更来得繁复：

> 何九真，汉武帝时人。父任侠有奇气，与淮南王安游。娶张氏，生九子，目俱盲。独长者一眼当额，朗然如日，初从父客淮南，已而师大罗学辟谷法，劝父俱隐，不听。遂为诸真人。前行，自九江入闽，始于石竹鼓山居焉。月余游莆，谒胡真人，饮龙津庙中井水，眼尽开。九真乃西行，结庐湖畔以居。于是日炼药湖中。丹成，有九鲤鱼化为龙，白日乘之升天。

这神话的道家气味掩盖了龙的神话的本质，但依旧是龙的神话，是无所用其怀疑的。那末，何通判的妻子为什么也会生九个儿子呢？《楚辞·天问》说："女歧无合夫，焉取九子。"王逸说："女歧神女，无夫而生九子。"这传说产生在南方低地，当然是"龙生九子"的最初传说了。

再像《西京杂记》："匏子河决，有蛟龙从九子自决口中逆上入河，喷沫流波数千里。"便又是"龙生九子"的传说和河决的事实两相结合的一种形态。这传说势力的普遍，在这形态里面便也可想而知了。

"一龙生九子，九子九条心"，是长沙的一句谚语。这谚语在明代便已有极普遍的势力。有一种"龙生九子，各有所好"的记载在当时文人们的传抄里，这记载的出处据说是《山海经》《博物志》，但现在这两部书里并没有这样的记载。而且，他们的传抄一半是全凭记忆，像《山堂肆考》《升庵

《九龙图》局部（南宋 陈容）

外集》《菽园杂记》便各有一种说法。今据《山堂肆考》：

> 龙生子有九种，各有所好：有曰狴犴，平生好讼，今狱门上所刻如狮子头者是也；一曰狴犴能守卫，故狱用之；有霸下，平生好负重，今石碑下有大龟者是其形也；有赑屃，平生好文，今碑两旁刻如螭者是也；有嘲风，平生好险，今屋角上如小狮子者是也；有睚眦，平生好杀人，今刀柄上刻龙形者是也；有螭吻，平生好吞，今屋脊兽形者是也；有蒲牢，平生好鸣，今钟钮是其形也；有囚牛，或云好音；

有狻猊，平生好坐，今佛座下蹲者是也。

除去"龙生九子"是一种普遍的传说，却还另有一说是"龙生四子"。像前章所说的陈山白龙便有四只龙子。宋龚颐正《显济庙碑》说：

绍熙元年，四月不雨。至于六月，知县睢阳李养直亟走祠下。俄有蜿蜒举体金色者见神座上，奁中四龙子如粟。阅三日大雨。置蜿蜒及奁子于石，顷之，俱无所见。

这便是第十章所说的南方一带在宋时有一种祀蛇风俗的最好证明，而且，在当时竟因为这四只龙子，在显济敷泽龙王庙龙王像的后面添设了四圣像了。《闲窗括异志》说："当湖酒库有四圣庙。"又说："当湖小岳庙中铁铸四圣，由海而来。"所谓四圣，大概也是陈山白龙的四只龙子罢。

《长沙县志》说杨四将军"本宋代生"；《苏州府志》说"将军宋人"；《芜湖县志》又说将军"即宋之杨沂中"了。杨四将军在长沙称四圣王爷，父老们又说将军有兄弟四人同在地方显圣为神。我以为宋时南方的祀蛇风俗和陈山四圣总也是杨四将军在南方兴起的原因之一罢。

《五龙图》（南宋 陈容）

最奇怪的是黄河一带的大王将军时代最早，灵迹最著的金龙四大王却也是兄弟四人。四明徐文长曾撰有《金龙四大王传》，我且将它录在下面：

王姓谢，名绪，宋会稽诸生，晋太傅安之裔。祖达，父某。有兄三人，曰纪，曰纲，曰统；王最少，四行。居钱塘之安溪，后隐金笼山白云亭。

素有壮志，知宋鼎将移，每慷慨愤激。甲戌秋八月大雨，天目山颓。王会众泣曰："天目乃临安之镇，苍水长流,昔人称为龙飞凤舞。今颓,宋其危乎?"

未几,宋鼎移。王昼夜泣,语其徒曰:"吾将以死报国。"其徒泣曰:"先生之志果难挽矣。殁而不泯,得伸素志,将以何为验?"曰:"异日黄河北流,是予遂志之日也。"遂赴水死。

时水势高丈余,汹汹若怒,人咸异之。寻得其尸,葬金笼山之麓,立祠于旁。

元末,我太祖与元将蛮子海牙战于吕梁,元师顺流而下,我师将溃。太祖忽见空中有神,披甲执鞭;惊涛涌浪,河忽北流。遏截敌舟,震动颠撼;旌旗闪烁,阴相协助。元师大败。太祖异之。

是夜梦一儒生,披帏语曰:"余有宋会稽谢绪也。宋亡,赴水死;行间相助,用纾宿愤。"太祖嘉其忠义,诰封为金龙四大王。"金龙"者,因其所葬地也。"四大王"者,因其生时行列也。

自洪武迄今,江淮河汉四渎之间,屡著灵异。商舶粮艘,舳舻千里,风高浪恶,往来无恙。金曰王赐,敬奉弗懈。各于河滨建庙以祀,报赛无虚日。九月十七日为其诞辰,祭赛尤盛。非王忠义之气,昭昭耿耿,光融显赫,而能然乎。

据传，金龙四大王是明太祖诰封，但《大明一统名胜志》说徐州（江苏铜山县）百步洪的神庙，"额曰灵源弘济王，俗称为金龙四大王"，便可知徐文长的传记原不过附会些民间传说，只是他的文名能使这些传说都像有了什么根据罢了。

金龙四大王的故乡和撰传人的故乡都离陈山白龙神话的产地不远；第十章说到宋时南方的祀蛇风俗从明朝慢慢地传到黄河一带，移转的痕迹在这传的里面更可以明白地找出来了。大王行四也正和杨将军行四一样，大概是陈山四圣的一种变形。因此，大王生当宋末，而且是会稽诸生。

更奇的是浙江嘉兴县也会有杨将军的神迹，而且，杨将军在梁代和宋代，南方一带像江苏、湖南、浙江都有他成神的地方，但到了明永乐间却移到河南温县成神去了。这便可见杨将军和陈山四圣的关系，也不会比金龙四大王和陈山四圣的关系来得疏远，而且，杨将军从南方移到北方，也正和金龙四大王由南方移到北方，同在南方祀蛇风俗移转黄河一带地方的时候。杨将军和金龙四大王是陈山四圣的变形，更可以根据这些理由得出个结论来了。

在前面将龙公、龙母、龙子的各种神话都一一探讨过了。剩下的还有一条"龙母神话"和第二章所述的龙母一度唤子，龙子便一度回顾，在灌口江中留下了十二座望娘滩的神话相

《云龙图》（南宋 陈容）

同。这神话的产地在浙江嘉兴县，和陈山白龙神话的产地相离不远。现在据《民俗》八十一期将这神话附录下面做一个"收场白"罢。《民俗》八十一期娄子匡说《九曲望娘湾》：

> 在明朝罢，绍兴夏履桥附近有一间很大的湖。有一年，天久不下雨，湖水就很干。一群小孩子聚在湖边玩耍——涉水、洗澡、捕鱼。
>
> 有一个小孩子在水里捕鱼，捕了一颗很大很亮的珠子——龙珠。旁的孩子们瞧见了，就去夺它。他便逃，他们便追，溅得水面浪花喷飞，浅水捣成深蓝色了。
>
> 他快被捉住了，忙把龙珠向嘴里一塞，还是逃，他们也还是追。他便在急忙中把龙珠咽下了。
>
> 当时天中忽然吹起一阵狂飙，把吞珠的小儿掣在空中盘旋。旁的孩子们都害怕着逃回家去告诉各人的母亲。
>
> 他的母亲也听到这个信了，急忙跑来找他回去。可是他还在空中盘旋挣扎。他母亲抬头一望，只见他头已变成龙头，身也正变龙身，不多时，龙尾也变完全了，龙掉尾向前舞去。它母亲便急着，惧着，哭着大声喊："我的肉呀，你要回来。"那龙回转头来看它母亲，但不能向她说话。因此，河便曲了一个湾了。

龙又回转头来向前舞去；它母亲又哭着，喊着："我的肉呀，你要回来。"龙又回转头来看她，河又曲了一个湾。

它母亲一连哭喊九次，龙也回转头来看她九次，因此河也曲了九个湾。

那地方，现在叫做九曲湾，又叫做九曲望娘湾。

第十三章

浮山与海眼

为什么井通江水，井又能彼此相通呢？我在第六章说南昌城西井通长沙井，铁柱宫井既通江水又通四川旌阳丹井的时候提出了这样的一个疑问。

中国人对于大地有一种奇异的解释。《山海经》郭璞注：

> 洞庭地穴也，在长沙巴陵。今吴县南太湖中有包山，下有洞庭穴，潜行水底，云无所不通，号曰"地脉"。

因此，《豫章书》便说"（真君）虑豫章为浮州，蛟龙所穴，因于城南铸为铁柱，下施八索，钩锁地脉"了。在中国人的想象里，地像冰块一样，是浮在洪水上的，大的冰块是"浮州"，小的冰块是"浮山"。

《淮南子》说："秦之时，丁壮丈夫，东至会稽浮石。"高诱说："浮石随水高下，言不没。在辽西界。"这便是较早的"浮山"传说了。其他在地志里面有下面的各种记载：

安徽盱眙县的浮山。——《寰宇记》说："山下为穴，淮波泛溢，其穴即高；水减复低，有似山浮。"

山东东阿县的浮山。——《寰宇记》说："故老相传云，尧时大水，此山浮于水上；时有人缆船于岩石间。今犹有铁锁存焉。"

山西临汾县的浮山。——《浮山县志》说："相传洪水横流时，此山随水消长，故名。"

浙江吴兴县的浮玉山。——《一统志》说："浮玉山在玉湖中。巨石如积波，不以水盈缩。"

浙江永嘉县的罗浮山。——《永嘉记》说："此山秦时从海中浮来。"

广东博罗县的罗浮山。——杨载鸣《通志》说："浮山本蓬莱一峰。尧时洪水，泛海而来；傅罗山，崖巘巧凑，故合名之。"

广东曲江县的浮山。——《寰宇记》说："地蹑一处，则百余步地动。"

"浮山"在洪水里可随水消长，又可以从甲地移到乙地；"浮州"却更不坚牢，整块的大地有时会因洪水沦为湖泽。这便是古人说的"沧海桑田"了。大地沦为湖泽像古代也实

有过这样的事情似的,留下的有不少的同样的传说。《吕氏春秋》说伊尹生地——现是河南陈留县——沦陷为湖:

> 有侁氏女子采桑,得婴儿于空桑之中。献之其君曰:"其母居伊水之上,梦有神告之曰:'臼出水而东走毋顾。'明日视臼出水,告其邻,东走十里。而顾其邑,尽为水;身因化为空桑。"故命之曰伊尹。

《楚辞·天问》说:"水滨之木,得彼小子;夫何恶之,媵有莘之妇。"《王逸章句》也举了这个传说:

> 伊尹母孕身,梦神女告之曰:"臼灶生蛙,亟去无反。"居无几何,臼灶中有生蛙,母走东去;顾视其邑,尽为大水。母因溺死,化为空桑之木。水干之后,有小儿啼水涯,人取养之。既长大,有殊才。有莘恶伊尹从木中出,因以送女也。

《淮南子》说:"历阳之都,一夕反而为湖;勇力圣知与罢者同命。"高诱注所举的传说是:

> 昔有老姁，常行仁义。有二诸生过之，谓曰："此国当没为湖。"谓姁视东城门闑有血，便走上北山，勿顾也。自此姁便往视门闑。闑者问之。姁对曰，如是。其暮，门吏故杀鸡血涂门闑。明旦，老姁早往视门，见血，便上北山。国没为湖。与门吏言其事，适一宿耳。

《独异志》和《述异记》都载有和州历阳（安徽和县）沦陷为湖的传说。《独异志》除说"媪携鸡笼走上山"外，和高诱的传说完全相同。《述异记》说："书生谓姥，此县门石龟眼血出，此地当陷为湖。""门吏以朱点龟眼，姥见，遂走上北山。"却和高诱传说大同小异。《述异记》又说："今湖中有明府鱼、奴鱼、婢鱼。"这是由《淮南子》"勇力圣知与罢怯不肖者同命"的话转变而来。《独异志》说长水县（浙江嘉兴县南）沦陷为湖便和这有些相像：

> 始皇时，长水县常有大水，涨而欲没。县主簿全干入白，明府谓干曰："今日卿何作鱼面？"干曰："明府亦作鱼头。"言讫，遂陷为湖。

于是，明府、主簿乃至奴婢等等便不但"作鱼头"，连身都变为鱼了。大概这传说在两晋、六朝时代便已通行江浙一带地方，像《搜神记》说邛都老姥饲龙子的神话不也说"百姓相见，咸惊相语：'汝头那得戴鱼？'是夜方四十里与城一时俱陷"吗？

《搜神记》说古巢沦陷为湖（巢湖），《神异经》说海州朐山县（江苏东海县）硕濩湖的传说和陈留、和县沦陷为湖的传说只不过地点上各有不同，其他都大同小异。而且，硕濩湖的沦陷也在秦始皇时，和长水县沦陷为湖的时代相同。《搜神记》说：

> 古巢一日江水暴涨，寻复故道。港有巨鱼重万斤，三日乃死，合郡皆食之，一老姥独不食。忽有老叟曰："此吾子也，不幸罹此难。汝独不食，吾厚报汝。若东门石龟目赤，城当陷。"姥日往视。有稚子讶之，姥以实告。稚子欺之，以朱傅龟目。姥见，急出城。有青衣童子曰："吾龙之子。"乃引姥登山，而城陷为湖。

《太平寰宇记》说朐山县伊莱山西南隅有石室，名叫神母庙。庙前石上有神母的狗迹，是神母在硕濩湖沦陷的时候，牵狗上山所留下的神迹。《寰宇记》引《神异经》说：

> 秦始皇时童谣曰："城门有血城当陷。"有一老母，闻之忧惧，每旦往窥城门。门传兵缚之。母言其故。门传兵乃杀狗，以血涂门。母往，见血便走。须臾大水至，郡城陷。老母牵狗北走六十里，移至伊莱山得免。

从这些相类似的传说看来，好像古人常有整块陆地忽然沦陷的恐惧似的。于是，"镇海眼"的各种传说便因此而起来了。像《风俗通》说四川成都县西的石笋：

> 益州之西有石笋焉，天地之维，以镇海眼。动则洪涛大浪。

这一对石笋，有的说是蜀王妃子的墓阙，有的说是开明氏真珠楼基，有的说是鱼凫仙坛，有的说是五丁石门，有的说是蚕丛氏誓蜀碑，有的说是昔时卿相的墓，有的说是沉犀石，有的说是大秦寺的门楼，真像杜甫《石笋行》所说，"此事恍惚难明论"了。但是《石笋行》说："古来相传是海眼。"《梁益纪》也说："云其是海眼。"《酉阳杂俎》也说："俗谓之地当海眼。"便好像"镇海眼"的传说要来得普遍一些。如果为着保存传说，却不必像文人学士们想出些墓、碑、门、阙、坛、石、楼基、门楼之类的东西来破除迷信了。

而且，成都县"镇海眼"的传说也不限于石笋，像第三章说成都县的石犀也是"镇海眼"的东西。北平的"海眼"有人说被白塔妙应寺的白塔镇着；但又有人说，"海眼"在崇文门外的桥下，"镇海眼"的是桥角的大铁龟。在敦礼臣《燕京岁时记》里却又有下面的一种记载：

> 潭柘寺故"海眼"，佛殿基即其潭也。唐华严师在山说法，神龙施潭为寺，一夕大风雨，潭成平地。今潭去而涓涓者不绝，龙去而子犹存。青色，长五尺，大如碗，时出现。

在这里所有的只是些不可捉摸的附会。但从这些附会里可知道中国人的想象以为大地沦陷是地面上有很多的漏眼；地不但像冰块，却也像破船，有时在漏眼里会渗进洪水使全船覆没。于是，便得用许多的东西像塞漏眼似的来"镇海眼"了。"海眼"的传说散见在记载里的却还有：

湖南岳阳县的海眼。——《岳阳风土记》说："海眼池在嵩州夹。旧传潜通江海。今湖泥湮没，不复如昔。"

江西黎川县的海眼。——《舆地纪胜》说："龙泉寺在新城县南二十里，地名卓陂。有地孔径一尺许，水深不可测。父老相传，呼为海眼。"

安徽宿松县的海眼。——《安徽通志》说："宋谢枋得诗：'人言此是海门关，海眼无涯骇众观。'即指此也。"

山东潍县的海眼。——《金华子》说："北海县因发地得五铢钱，取之不尽。中有一石记云：'此是海眼，以钱镇之。'众惧，复掩之。"

河北宝坻县的海眼。——《大明一统名胜志》说："广济寺有石幢高三丈，凡七级，中贯铁柱，上有方顶，俗传其下有海眼云。"

河北昌黎县的海眼。——《大明一统名胜志》说："县有海眼山，石洞澄澈，潮汐应候。"

河南开封府的海眼。——《河南通志》说："海眼井在安远门上方寺内，相传泉源通海。"

河南邓县的海眼。——《河南通志》说："邓州福胜寺东北隅塔十三层，百余丈，中一井，俗呼海眼。"

云南安宁县的海眼。——《大明一统名胜志》说："县西罗青山上有罗青庙，有海眼泉相去数百步，一日三潮，随涌随涸。"

拿了这些海眼传说来解释井通江水和井能彼此相通，自

《大明一统志》中有关蛟井的记载

不必多费辞辩了。以下再举出一些例证来证明南昌城西通长沙井和铁柱宫井既通江水，又通四川旌阳丹井，在中国的国土里还不算稀有的奇迹：

河南鹿邑县的九井。——《元和郡县志》说："真源县东十五里元元皇帝祠院中有九

井。隋季井皆竭。自武德以来，清泉沁涌。或云，汲一井而八井水皆动。"（《寰宇记》说井在李母祠东院内）

安徽寿县的九井。——《寰宇记》引郭璞《山海经注》说："寿春有九井相连，若汲一井，九井皆动。俗人以为灵异，不敢汲动。或时隐见，不常厥所。俗传云，老子弟子张传所凿也。"

安徽当涂县的九井。——伏滔《北征记》说："丹阳山南有九井。今五井已竭，四井通大江。昔人卸马鞍，乃从牛渚得之。"

河南许昌县的七星井。——《寰宇记》说："七星井各方七步。俗云，汲一井则余井水皆动。五井在县东北二里，二井在县正北三里。"

山西绛县的圣井。——《寰宇记》说："在县北十里。耆老相传，后魏太和六年，土人杨斛因耕，忽有三泉黯然不流；汲一泉，二泉辄动。如苦县（即鹿邑县）九井。"

四川成都县的通仙井。——《四川通志》说："井在严真观。与绵竹县君平井相通。昔有人淘井得三钱，径可二寸，恍惚不安；因复投井中，立愈。或谓此钱即君平掷卦钱也。"

山东安邱县的龙台井。——《三齐略记》说："平昌城内有台，高六丈，台上有井。井与荆水通，失物于井，或得于荆水。有神龙出入其中，故名龙台城。"

江西九江县的古井。——《元和郡县志》说："江州古溢城也，汉高祖六年灌婴筑。汉建安中，孙权经此城。权自标地，令人掘之，正得古井。铭曰：'汉六年灌阴侯开，三百年当塞。后不满百年当为应运者所开。'权以为已瑞。井极深，大江中风浪，井水辄动。"

江西黎川县的九龙井。——《舆地纪胜》说："在新城县东兴乡。《临川记》曰：'东兴人家曾以木瓢堕井中，乃流出樊溪甘渚。'"

浙江平湖县的废井。——《闲窗括异志》说："大旱不涸，其下可以转篙。时有浮萍及破蒲帆浮起，盖下通大海云。"

第十四章 铁柱铁链铁枊等

浙江海盐县曾两次沦陷为湖。据《闲窗括异志》的记载：

> 海盐县在秦属会稽，汉因之。王莽改武原为展武县，后陷为柘湖。移于武原乡，改武原县。后改海盐县。汉安帝二年又陷为当湖。移故邑城，为故邑县。又移于海塘，为海塘县。

像这样的地方真难免再有危险。于是，孙权的办法便是将霍光移到这地方来镇湖了。《闲窗括异志》说：

> 金山忠烈王，汉博陆侯，姓霍氏。吴孙权时，附语曰："金山故海盐县，一旦沦没为湖，无大神护也。臣部党有力，能镇之。可立庙于山。"吴王乃立庙。建炎间建行宫于当湖，谓之小岳庙。

将大神移来镇湖是为着当地人心要有一种安全的信赖。同样的，便又有另一种的镇压设置在当湖里面了。《闲窗括异志》说：

> 古老相传，当湖地初陷时，有妇人产一物若蛟蜃状，濯于水，遂陷一方，迤逦从东北去。今有泖港，直通太湖。曩岁渔者于湖中获一铁链，长不计极，舟满几覆，惧而弃之。或云，系蜃于此。自汉迄今上下千余年，湖日浅，土日增，闻有人于其中仿佛见其余趾。

在以前曾说过长沙、灌口、南昌三处地方的锁孽龙的神话，这记载——当然也有"龙母神话"分子在它的里面——却好像是它们的缩影似的。在长沙、灌口、南昌有同样的铁柱和铁链，锁孽龙是它们的同样的用途。当湖里系蜃的铁链可又是第四条了。散见在各种记载里的却还有许多的同性质的东西，像湖南岳阳县、长沙县和江西弋阳县的铁柙便也和铁柱铁链相差不远。

岳阳县的铁柙在县城西门外湖岸下。《洞庭湖志》说是铁兽，但并不像兽形。更有人说晋伐吴的时候，吴人用铁锁横江，植标系锁的便是这东西了，但又只全凭揣测，并无确证。《岳州旧志》说是铁柤，《岳阳风土记》和《大明一统志》说是铁枷。《岳阳风土记》说：

> 江岸沙碛中有冶铁数枚，俗谓铁枷，重千斤。古人铸铁如燕尾相向，中有大窍径尺许，不知何用也。或云，以此厌胜，辟蛟蜃之患。或以为矴石，疑其太重，非舟人所能举也。或以为植木其内，编以为栅，以御风涛，皆不可知。

同样的东西在长沙和弋阳各有一枚。《湘城访古录》说：

> 《省志》云："铁械在长沙德润门外河边，重数千斤。相传许逊逐蛟，以此镇之。"《府志》云："一名铁石，其形如锭，重数百斤。相传许旌阳逐蛟过此掷以镇之。又谓晋王浚楼船锁墩。"

《游宦纪闻》说：

> 绍定癸巳七夕后一日，予甥董若金忽语予云，适有自弋阳来者，言县境桃花步渔人入水，见一物长八尺，

博四尺有五寸，约四百斤。两头如燕尾，腰有眼，其二圆，其二如半月。非石非铁，图形以示。云渔人舁至县市，火；复舁至桃花，又火；迁于神祠，始息。众莫识。予应曰，此不难别，其制绝类岳阳楼下铁枷，必县旁溪中古有龙祟，时得道之士如许旌阳者铸为此物，以镇妖蜃穴。岁月深久，如岳阳沙上数枚，人以为厌胜铁枷，或以为湖贼王么矴石，或云昔人拒敌镍江之具，《图经》皆疑其非。

这些东西是枷呢，还是别的什么，人各一辞，也不必强加分辨，但它们和铁柱、铁链在同一地方产生，镇蛟蜃的推断自比其他各种推断较为可靠，像可不用再多疑虑了。其次像广东、福建、江西各地方的金牛、金锁的传说。据《太平寰宇记》：

金牛潭在增城县（广东）东北二十里，其潭洞深无极。北岸有石，周围三丈许。渔人见金牛自水而出。盘于此石。义熙中，增城县人常安到此潭，于石上蹑得金锁，大如指。寻之不已，俄而有物从水中，引之，握不能禁。忽断，得数尺，遂致年登上寿。其后，义兴周云甫见此牛宿伏于石上，旁有金锁如索绳焉。云甫素勇，往拽此牛。

掣断其锁，得二尺许，遂以财雄。

金锁潭在清远县（广东）东三十里，秦时昆仑贡犀牛，带金锁走入潭中。晋时有渔人周仲采者，钓得金锁，牵之，见犀牛，掣之不得，忽断，得金锁一尺。

金锁江在福州（福建闽侯县）西四十里。《闽中记》云："昔有渔父，垂钓得金锁，见金牛奔涌。渔者急挽至岸，牛断，犹得锁长二尺。"

再据《大明一统名胜志》：

赣县（江西）治北二十里，晋咸和初有渔者钓潭中，得金锁，引之可数百尺。忽一物随锁而来，似牛，眼红，角白，见人惊骇，曳锁急走。渔人以刀断锁，得数尺。

以上这些传说，不但传说相同，连传说的年代也大都在晋的时候，竟像是一个传说的移转，这传说原不必在甲地或在乙地产生，所以，这几处地方有不有金锁这东西是不可得而知的。但是，这些传说又都像是锁孽龙的神话的变形，尤其是许真君神话的年代也在晋的时候。金锁这东西如果有在这些地方，也只是系龙（龙和牛原没有分别，像蛟蜃化为黄牛和以前的其他的证明）的什么东西罢了。其次像铁柱。四川巴县涂山禹王宫有一根铁柱，《蜀故》说是铁桅；云南顺宁县有一根铁柱，相传是大禹铸的。《滇南杂志》说：

> 顺宁府城东二百里，澜沧黑惠二江合流处有铁柱，圆径尺，常与江水同上下，或高去水面一二尺，旧传为大禹治水至此，制铁以定海眼者。在《蒙化志》为铁桩，言水虽泛不没。

我以为《西游记》说孙行者的金箍棒，那一块"天河定底神珍铁"，斗来粗，二丈余长的一根铁柱子，从海龙王宫里取出来的，是大禹治水定江海深浅的定子，倒像是当时民间对这一类的东西较有力量的一种解释了。但除了大禹制铁定海眼的说法，却还有一种说法，像《舆地纪胜》说江苏盐城县的铁柱冈：

> 铁柱冈在县北门外二里海岸，故老相传秦皇系马柱也。或云，滨海多蛟龙，性畏铁，作此镇之。

这里说盐城县的铁柱是秦皇系马柱了。在北平琉璃河边

也有一根铁柱,却又被当地人们说它是王彦章的铁篙。《燕京杂记》说:

> 京外西南百余里有琉璃河,河有桥,桥畔倚一铁篙,方而匾,长约五丈,俗传王彦章铁篙,与李存孝较力者也。此说妄甚。余观此铁竿非如篙,大约昔人镇压此桥之物。

铁柱、铁桅、铁桩、铁篙,定海的、系马的、较力的,人各一辞地闹不清楚,也正像铁枷一样。大概,说它们是镇蛟龙的东西总比较可靠些罢。以前说长沙、灌口、南昌三处地方的铁柱,从它们同样的三种神话里面说它们是锁孽龙的柱子。锁龙和镇蛟,便也相差不多远了。而且,龙被锁在柱子上的传说在唐人的小说里早便已经有过。《柳毅传》说天帝所縻系的钱塘:

> 洞庭君曰:"昔尧遭洪水九年者,乃此子一怒也。近与天将失意,塞其五山。上帝以寡人有薄德于古今,遂宽其同气之罪。然犹縻系于此。"
> 语未毕,而大声忽发,天坼地裂,宫殿摆簸,云烟沸涌。俄有赤龙长千余丈,电目血舌,朱鳞火鬣,项掣金锁,

> 锁牵玉柱，千雷万霆，激绕其身，霰雪雨雹，一时皆下。乃擘青天而去。

《九龙图》局部（南宋 陈容）

就锁孽龙的神话说，这好像是一种雏形似的。钱塘离当湖不远，这传说的故乡却又像是洞庭，便可知《柳毅传》的作者所采辑的材料是属于那些地方的了。锁孽龙的神话的展开在南方一带地方，除当湖和前面所举的三处地方，像广东高要县便有个同样的神话。那便是包公锁孽龙的神话了。

包公井在高要县的城里，县志引明董源记：

> 宋仁宗朝，包孝肃公以知扬州天长县徙知端州。病民之汲于江，作七井以便其用。其一在府治内。后人因其水清冽，比公之介，名之曰包公井。

在这记载里面并没有神话的地盘，但不知在什么时候井里多了一条铁链。于是，像《民俗》第八期，周鼎培说端州的古迹便和董源所记不相同了。周鼎培的述说是：

> 高要县城西门里有一所包公衙门，传说宋朝包文拯做端州太守便住在这衙门里面。那时候城里城外有不少的妖精，他用法术收服了这许多的蛟精、蜈蚣精、田鸡精……锁禁在衙门里的一间井里。那间井用石板紧盖，中贯一条大铁链。到高要县做官的人们都不敢把井盖揭开。因为这井的里面时常有风雨的声音，都恐怕那些妖精会从井里发作起来。到了民国时代，包公衙门改为镇守使署了，在井上建立了一座炮台。是不是将井盖揭开看了，那就不可得而知了。

包公井会成为神话资料是因为"井用石板紧盖,中贯一条大铁链"。在这里井也有了,链也有了,但还缺少一根铁柱。于是,像《民俗》一百一十期钱彻说《包公锁蛟龙》便又添了一根铁柱,说这柱是铁旗杆了。钱彻的述说是:

> 肇庆府有一条蛟龙。包公做肇庆府的时候,想设法收服它。
>
> 这蛟龙跑得十分快。包公追赶蛟龙,一连赶了七天,蛟龙被赶得精疲力竭,肚里也饿起来了。
>
> 遇着一位老婆子提一篮脆麻花叫卖,蛟龙便抢着她的大吃一顿。谁知道吞下肚去,这一篮脆麻花变成一条铁链了,铁链锁在龙的心上,龙便终被包公捉了。
>
> 原来这老婆子是观世音的化身。现在的脆麻花是观音给蛟龙吃的铁链,被后人将原样保留着了。
>
> 龙既被包公捉了,便向包公请求,问什么时候放它。
>
> 包公把龙封在一间井里,这井能直通大海。包公向龙说:
>
> "等到铁树开花的时候放你。"
>
> 又〔不〕知在什么时候,有一位官差开了这井盖的封皮汲水。他挽着一根铁链,越挽越长,他觉得这很奇怪,

便说给旁的人们听。

又不知在什么时候，有一位官差在外面走到疲倦，便坐在井旁的旗杆甲（旗杆的石础）上休息，将他的冬帽（红帽子）挂在铁旗杆上。井里的蛟龙以为是铁树开花，它便掀动起来，全肇庆都地震了。直等这位官差取下他的冬帽，才将这一场风浪无形平息。

这神话里面的铁旗杆像很来得牵强。据前面的记载，井和铁链都实有其物，但铁链到后来才有，便成为这神话产生的原因，只是，这神话的整部分却全从另一地方移来，因为此地没有铁柱便会失去一个因素，不能和原来的神话吻合，于是便不免向壁虚造了。没有铁柱，便用一根铁的旗杆替代着，但旗杆也只在神话里面才有，包公衙门有不有这件东西，那可真又不得而知了。

许真君斩蛟蜃的神话在宋代已经盛行，不但散见各种记载，像朱子《楚辞辩证》也曾说世俗间有这一种传说。南昌的铁柱从谢逸的《铁柱观诗》看来，便可知在宋代早已实有其物了。《蜀故》说峡口有一根铁柱，柱上铸有"守关大将军徐宗武"等字样，这铁柱的年代想也并不久远。灌口江边的铁柱据《灌志初稿》是明代万历年间巡按御史郭某所造的三十根铁柱之一，眉州学正陈炳魁《都江堰歌》注说这柱的

上面铸有"万历四年永镇普济之柱"的字样。《都江堰歌》说:

> 河底当年准石马,石马埋没不可见。
> 明人范铁始作柱,万历年号记柱面。
> 国朝汪滕两司马,贯石植桩缠铁练。
> 紧将古柱牢拴锁,每岁浚淘沙碛验。

便可知这柱是继石马而起的水则,建立在明代万历年间,在柱上缠着铁链却又是清代的

《九龙图》局部(清 周畐)

新的设置。因此，第二章所述的神话便谈到骆公保做四川总督的事情了。

二郎神锁孽龙的神话另有一种传说，也大同小异地在四川人们的口里道着。现在，且将《民俗》一百〇二期绿萝的《灌口孽龙的故事》举出一段和第二章所说的互相印证，并且，便在这里把铁柱的探讨宣告结束了罢。

川主（二郎神）有七十二变，孽龙也有七十二变。川主和孽龙战斗当时便各显神通，大战不休。

观音大士见孽龙凶猛，便化成一位老婆子到灌口来卖蓝靛。这时川主和孽龙把可变的都变完了，眼见川主不能抵当孽龙，快要败下阵来。

川主心里正在着慌，忽听见"卖蓝靛"的叫卖声音，便一时计上心来，从老婆子的货箱里抓一把蓝靛涂在脸上，变成一副可怕的蓝脸，大吼一声，再和孽龙大战。

孽龙见川主变了形象，心里着慌，只得败下阵来。于是，便被川主收服了。川主用一条铁链将孽龙锁在灌口河里。孽龙问川主什么时候放他。川主说：

"到石头开花马生角的时候才能放你。"

有一次，灌口河边有一位道士经过。这道士骑着马，手拿着一顶冬帽和一只海螺，一时溲急，便把冬帽搁在石上，海螺挂在马颈上，准备小便。

忽然河水大涨，河里面的大浪滚滚而来。道士吓得魂不附体，急忙上马逃走。走不多远，回头一望，那河里有一条金光灿烂的大龙，刚撑出水面来便又下水去了。

原来是石上的冬帽垂着红缨，孽龙以为石头开了花了；海螺挂在马颈上，孽龙以为马生角了。

在清朝的时候，灌县全县不缴税银，每年将所收的税款铸一条很长的铁链，在五月二十日这一天，将铁链丢在灌口河锁孽龙的一带水里。前一年的旧链子便自动的浮出水来，只是，不及新的链子粗大，而且也锈蚀不堪了。

二郎神青面赤发，第二章说是他赴敌作战将竖眼睁开时的一种变相，但据这神话所说却又是涂上了观音大士的蓝靛。灌口江边有一根铁柱是无疑的事情，但这神话只将铁链牢握着，却和包公锁孽龙的神话正立在相反的情境里，把原有的铁柱遗落了。

这神话说灌县每年更换铁链，指明是五月二十日这一天。不缴税银虽像是故甚其辞，但铁链的设置既在清代，或许，在晚近的时代,洪水传说的母国——四川,典礼上却还有古代遗习的保存罢。

在我们的探讨里,这一点便很可珍视了。

第十五章

巫支祁和僧伽

安徽泗县是大禹的封地——但有人说在河南许昌县,有人说在河南南阳县——泗县和安徽盱眙县自古以来是淮流襟带之处。龟山在盱眙县东北三十里的地方,龟山明《淮渎庙碑》说这山的形势:

> 淮水出胎簪,由桐柏而导之,挟涡水而中注于泗。距泗之盱眙东北三十里,龟山隆而起,延首曳尾,丰背而踞,趺束其澜以输之东海。民享其利,而无其害。又淮之重镇也。

《居易录》也曾有一段记载谈泗洲的水患:

> 盱眙李生庐瑞言:"康熙十九年,淮水暴涨,坏泗州城郭。公私噂舍,漂没无算,唯僧伽塔仅存。"今议

巫支祁像

河南黄河附近出土，高三尺，铁质，背款为『大宋建中元年三月口日造』。

治河者皆知"黄强淮弱"，而不知淮之为害如此。

就水利和水患说，这地方的魔力像和四川灌县不相上下，因此，龟山上的支祁井在水神神话里的重要性也不减川主了。《安徽通志》说：

支祁井亦名圣母井，在盱眙县东北下龟山寺后，即大禹锁水神处，有亭覆其上。

《盱眙县志》说支祁井在下龟山西南隅绝壁的下面。

大禹锁巫支祁的事情，李肇《国史补》引《山海经》说："水兽好为害，禹锁之，名巫支祁。"《辍耕录》引《山海经》说："水兽好为害，禹锁于军山之下，名巫支祁。"但现在的《山海经》里并没有这一类的记载。

巫支祁的记载在《古岳渎经》里。唐李公佐在一篇小说里说他自己和周焦君曾在这书第八卷里见有这段记载，便将它引出来了。宋濂说这段记载"文虽奇而未醇，窃意即公佐、焦君所造以玩世者"。小说里的东西原不能认为真有，只是巫支祁的神话，至迟在唐代便已经很盛行了。

《太平广记》（注出《戎幕闲谈》）所收李公佐的《李汤》：

> 唐贞元丁丑岁，陇西李公佐泛潇湘苍梧，偶遇征南从事弘农杨衡，泊舟古岸，淹留佛寺，江空月浮，征异话奇。
>
> 杨告公佐云："永泰中，李汤任楚州刺史。时有渔人，夜钓于龟山之下，其钓因物所制，不复出。渔者健水，疾沉于下五十丈，见大铁镤盘绕山足，寻不知极。

遂告汤。汤命渔人及能水者数十获其镣,力不能制;加以牛五十余头(《舆地纪胜》说李汤以百牛引出铁镣),镣乃振动,稍稍就岸。

时无风涛,惊浪泛涌,观者大骇。镣之末见一兽,状有如猿,白首长鬐,雪牙金爪,闯然上岸。高五丈许,蹲踞之状如猿猴,但两目不能开,兀若昏昧,目鼻水流如泉,涎沫腥秽,人不可近。

久乃引颈伸欠,双目忽开,光彩若电。顾视人焉,欲发狂怒。观者奔走,兽亦徐徐引镣拽牛入水去,竟不复出。

时楚多知名士,与汤相顾愕栗,不知所由。

尔来渔者时知镣所,其兽竟不复见。"

公佐至元和八年冬,自常州饯送给事中孟简,至朱方,廉使薛公苹馆待礼备。时扶风马植、范阳卢简龙、河东裴蘧皆同馆之,环炉会话终夕焉。公佐复说前事如杨所言。

至九年春,公佐访古东吴,从太守元公锡泛洞庭,登包山,宿道者周焦君庐。入灵洞,探仙书,得《古岳渎经》第八卷,文字古奇,编次蠹毁,不能解。公佐与焦君共详读之:

"禹理水,三至桐柏山,惊风走雷,石号木鸣,土伯拥川，天老肃兵，功不能兴。

禹怒，授命夔、龙。桐柏等山君长稽首请命。禹囚鸿蒙氏、章商氏、兜卢氏、犁娄氏，乃获淮涡水神名无支祁，善应对言语，辨江淮之浅深，原湿之远近，形若猿猱，缩鼻高额，青躯白首，金目雪牙，颈伸百尺，力逾九象，搏击、腾趠、疾奔，轻利倏忽，闻视不可久。

禹授之童律，不能制；授之乌木由，不能制；授之庚辰，能制。鸱脾、桓胡、木魅、水灵、山妖、石怪奔号聚绕，以数千载，庚辰以战逐去。颈镵大索，鼻穿金铃，徙淮阴之龟山之足下，俾淮水永安流注海也。

庚辰之后，皆图此形者，免淮涛风雨之难。"

即李汤之见与杨衡之说与《岳渎经》符矣。

我以为淮泗之间，在唐代原有一种传说被李公佐采辑了做他的小说资料，像《吴越春秋》说椒丘䜣斗水神的事情便像是这传说的前身。《吴越春秋》说：

椒丘䜣者，东海上人也。为齐王使于吴，过淮津，欲饮马于津。津吏曰："水中有神，见马即出，以害其马，君勿饮也。"䜣曰："壮士所当，何神敢干。"乃使从

> 者饮马于津水,神果取其马,马没。椒丘诉大怒,袒裼持剑入,求神决战,连日乃出,眇其一目,遂之吴。

这取马的淮津水神不又像巫支祁么？李公佐既在淮泗之间取了一种传说做他的小说资料,除据《古岳渎经》说大禹锁巫支祁真有这件事情,更来个有力量的证明说李汤曾亲见这猿猱似的怪物。因此,这传说便添了一种新的力量,到宋时朱熹《楚辞辩证》和罗泌《路史》便都向这种传说开始进攻,这传说又变成金牛、金锁的传说将地盘推展到江西、福建、广东一带地方来了。

清汤用中《翼駉稗编》更谈到嘉庆年间淮河神暴光在盱眙县署降乩,说他是巫支祁的看管人；说巫支祁的赦免要到三万年后；说巫支祁在服气潜修,或能够早一万年出头。而且说乾隆年间又有件和李汤故事同样的事情发生在龟山下面。这书说这事情是：

> 乾隆中,学使谢公按淮安,适河督李亦以勘功来,具船数十,由水路至(龟山)麓,命力士多人挽索。甫动,怪风骤起,湖水壁立,天昏如墨,舟颠簸,岌岌欲覆。急解维从闲道去。

便可知巫支祁的神话力量直到清代也仍在扩张了。庚辰据《墉城集仙录》是云华夫人赐给禹的一位神圣，但《路史》却说"虞余，庚辰据《楚辞》乃益稷之字"。《墉城集仙录》（《太平广记》引）说：

> 云华夫人尝东海游，还过江上，有巫山焉，留连久之。时大禹理水驻山下，大风卒至，崖振谷陨，不可制。因与夫人相值，拜而求助。即敕侍女授禹策召鬼神之书，因命其神狂章、虞余、黄魔、大翳、庚辰、童律助禹凿石疏波，决塞导阨，以循其流，禹拜而谢焉。禹得庚辰、虞余之助，遂能导波决川，以成其功。

锁淮涡水神巫支祁的既是庚辰，便当是淮渎神了。明《淮渎庙碑》也说庙神像是庚辰，但清《重修庙记》却说渎神旁坐有一位赤面僧服神圣，这便是世俗所传的僧伽大圣了。《路史》说："释氏以为（巫支祁）即泗州僧伽所降水母。"《大明一统名胜志》说：

> 下龟山寺内有圣母井，即大禹锁水怪处。俗传泗洲僧伽大师锁水母于此，又名水母洞。

这俗传大概也起于唐代，在巫支祁神话里面竟又成为一种势力了。但这传说内部却也有它的分歧，像《辍耕录》：

> 泗州塔下相传泗州大圣锁水母处，谬也。

又像《泗州志》：

> 巫支祁屡为水患，僧伽大圣驻锡泗州，说法禁制，建灵瑞塔，淮泗乃安。

便又说僧伽锁水母的地方不在龟山井里却在泗州塔下了。锁水母的神话传说载籍很难考见，但僧伽在民间却有他普遍的势力。《高僧传》说：

> 天下凡造精庐，必立僧伽像，榜曰大圣僧伽和尚。有所念愿多遂人心。

《民俗》第八十六、七、八期翁国梁的《水井神》说福建平潭县、福清县的泗州佛自也是泗州大圣的一种移转。翁国梁说：

平潭县有一间水井,乡人叫水井神做"水井公,水井妈",或叫他们做"泗州佛"。

我在福清县的时候,看见路旁有一座小庙,额署"泗州文佛",也许就是泗州佛罢。佛像只有一尊,白面,披袈,戴冠,有点像目莲尊者,但手里没有锡杖。

泗州佛的庙宇常建在十字街头和路的旁边。听说这位神圣能厌禳消毒。神的庙宇都是很狭小的。所以福州人说:"天下无佛,泗州最大。"

僧伽的势力也推展到福建来了。这势力的推展更另有一种原因,像《高僧传》说僧伽是观音化身:

帝(唐中宗)问万回师曰:"彼僧伽何人也?"对曰:"观音菩萨化身也。"

赵孟頫《重建大圣寺灵瑞塔碑》也说僧伽曾在贺元济的家里"现十一面观音形",因此,贺元济便舍宅为寺了。《高僧传》又说僧伽弟子慧俨、慧岸、木叉,中宗各赐衣钵。《西游记》不也说观音弟子有一个木吒慧岸行者是托塔李天王的二太子么?

据西藏的传说，古代西藏地方全被洪水淹没了，观音把喜马拉雅山向东南剖开，泄去洪水，西藏才露出水面……

便可知观音和洪水传说原本有深的关系，而且，像万回一类的人，将西藏的观音和巫支祁传说相合，便成了僧伽传说，自也是显而易见的事情。今观音作妇人像，在唐时并不如此。《庄藏委谈》说：

> 今塑观音者无不作妇人像。考《宣和画谱》，唐宋名手写观音像甚多，均不饰妇人冠服。《太平广记》载一仕宦妻为神所摄，因作观音像奉焉。其妻寻梦一僧救之，得苏。则唐以前塑像亦不作妇人也。

便也可以想见。在唐时说僧伽是观音化身自不会有男女之争了。僧伽神话盛于宋时，引起了学士们的排斥，像朱熹、罗泌都说这是无稽之谈；到元时却因为观音大士变为女身了，降水母的僧伽便也随民间的信仰转变为女身的观音大士，这在元剧《唐三藏西天取经》里便可以看出它转变的痕迹来了。

这剧里的孙行者自称通天大圣，恼得三界圣贤不得安宁，李天王、哪吒太子、眉山大圣收了它，待杀坏它来，却被观音抄化了与唐僧为弟子西天取经。观音将这孽畜压在花果山下，说:"将它压住。——老僧画一字,你那厮且顶住这山者。"观音在这剧里将孙行者压在山下,也正和僧伽将水母锁在井里或塔下是同样的行径。在这里,我们且看孙行者是怎样的一个家世。我且将孙行者的"上场白"引在下面:

> 一自开天辟地,两仪便有吾身;曾教三教费精神,四方神道怕,五岳鬼兵嗔;六合乾坤混扰,七则北斗难分;八方世界有谁尊,九天难捕我,十万总魔君。——小圣兄弟姊妹五人,大姊离山老母,二妹巫枝祇圣母,大兄齐天大圣,小圣通天大圣,三弟耍耍三郎。……

这里的离山老母像离堆下的孽龙,巫枝祇是龟山井里的东西,它们是孙行者的姊妹便也是它的原形。李天王像是李冰,因为他有太子哪吒和眉山大圣;孙行者是孽龙,便也是巫支祁了。因此,除法海镇白蛇的故事是僧伽神话本来面目的移转,其他的锁孽龙的神话,像杨将军、二郎神、包公等神话里面都有个观音大士的地位,这理由自可以涣然冰释了。

旧剧里有一出《虹桥赠珠》演的是泗州城的一件故事,正确些说,是僧伽降水母的故事在当地的演变。现在将这故事举出,和前面所举的锁孽龙的几种神话印证,做本章的一

日人佐佐木信网氏藏『清代杂剧扮装图』原本下方有日人某氏注云：『山神河海神之像。』傅惜华氏谓：『脸谱两目勾作环形，极近似孙悟空。帽为孙悟空之软罗帽，衣亦似今孙悟空之智多衣。』乃以为非山神河神像。题句之意，乃咏孙悟空也。余以为巫支祁能辨江淮浅深，故为涡水神。元剧则移其轻利倏忽，作孙行者之标本。此图为水神巫支祁，或为孙悟空，似可以两得之也。

个结束：

> 泗州太守时德明叫他的儿子廷芳进京赴选。
>
> 离泗州不远有一座虹桥，桥下面有一只女性的水怪，曾变成一位女人，在泗州城外看见了时公子，它便生了爱恋。
>
> 它听说时公子进京赴选，便在中途将公子摄到水府，逼他成亲。

时公子只得应允。但在他们合卺传杯的时候,他看见这水怪佩着一颗明珠。水怪说:"这是避水珠。"他便向水怪求讨,水怪也欣然相赠。

时公子便用酒将水怪灌醉,怀着这颗明珠逃出虹桥。水怪便发起波浪,屯淹泗州城,向时太守索取明珠,并逼他应允亲事。

时太守祷告观音,观音大士下凡了。她变成一位贫婆,在路上和水怪相遇。水怪担着一担水,观音假说口渴,向它讨水喝。喝完了一桶水又去喝第二桶。水怪知道不妙,便急忙夺取水桶。观音叫韦护和水怪交战,又调取天兵天将和水怪一场恶斗。

水怪杀得精疲力竭,肚里也饿起来了。观音再变一位卖面的婆子,开一间面店在路旁等待。水怪便进店吃面,面变成一条铁链将水怪的心锁住。于是,这水怪便被观音大士收服了。

第十六章 水神的诞辰

剩下的一个问题是杨将军和二郎神的诞辰都在六月初六日的问题。

这并不怎样确实。因为《玉匣记》和《历书》都说二郎神的诞辰是六月二十六日，杨将军的诞辰是六月初六日。

明万历间三山富春堂校梓的《新刻出像增补搜神记》卷三"杨四将军"下只剩了"六月初六日生"六个字，便可知杨将军的诞辰是六月初六日，在明时便早已如此了。

明冯应京所纂辑的《月令广义》说六月二十六日是二郎神和清源真人的诞辰。清源真人便是赵昱，在这里说他的生辰和二郎神同在一天；这便也是说他并不是二郎神了。

但六月初六日，《月令广义》却举了北极真君、崇宁真君、崔府君、平山瑞岩古佛和大禹，说诞辰都在这天，但没有杨将军的席次。或许，杨将军的诞辰是六月初六日，在明时还不是普遍的流传；这或许也可以断言，杨将军的诞辰是由大禹诞辰转化而来了。

大禹诞辰是六月初六日，这流传在很早的时候便已经有了。据《帝王世纪》：

> 鲧纳有莘氏，臆胸坼而生禹于石纽。郡人以禹六月六日生，是日熏修裸飨，岁以为常。

再据《路史》：

> 初，鲧纳有莘氏曰志，是为修巳，年壮不字，祷若后于石纽，服姻之，而遂孕。岁有二月，以六月六日屠䐗而生禹于僰道之石纽乡，所谓刳儿坪者。长于西羌，西夷之人也。

再据苏轼《过濠州涂山》诗注：

> 淮南人传禹以六月六日生日，是日数万人会于山上。

从汶川人的熏修裸飨和淮南人的数万集会，便可知禹的诞辰在长江一带，很早的时候便已极一时之盛。杨将军是长

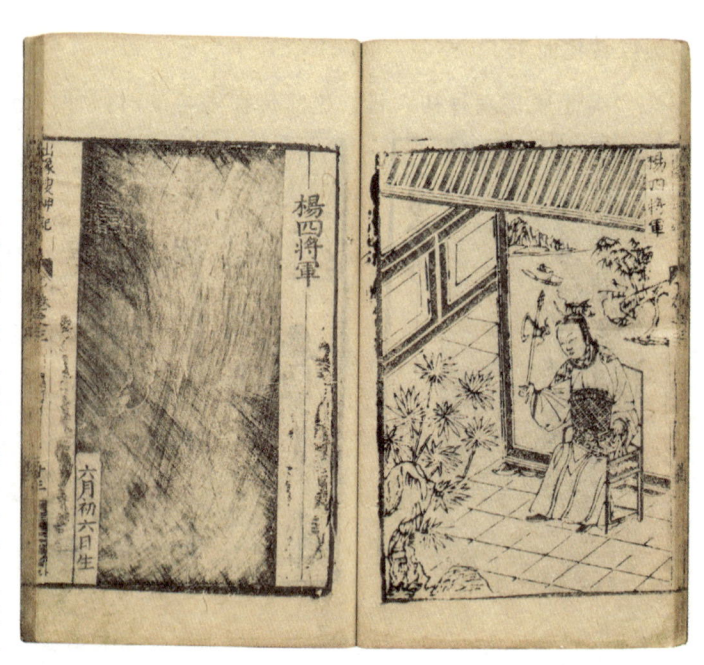

《新刻出像增补搜神记》中的杨四将军像

江一带的水神的复合体，是我们从神话的探讨里所得到的正确的结论，那末，我们自不会说杨将军的诞辰由大禹的诞辰转化而来是无根的推断了。

只是，六月初六日是禹的诞辰也不能说事实确是如此，不过一种传说罢了。宋王建在《蠡海集》里将神的诞辰分成三类：第一类，是以在生真年月为生诞；第二类，是以装塑之始为生诞；第三类呢，像：

玉帝生于正月初九日。——是阳数始于一而极于九。

玄帝生于三月三日。——是一生二，二生三，三生万物；水之气，天一至三而始盛。

东岳生于三月二十八日。——是天三生水，地八成之；含两仪之气于其中。

九天生于六月二十四日。——是六为阴数；四六二十四，老阴之策。

大禹是虫是人还是个不可知的问题，大禹的诞辰会从远古传到现在，我们当然不能相信。那末，大禹的诞辰在以上三类里面属于哪一类呢？我以为是属于第三类的。因为是"六为阴数"的原故。《河东记》（第四章所引）不也说"冯六郎为水官，水数成六"吗？大概，王达的这种解释在唐时便已经有了。

因此，二郎神和杨将军的诞辰里的"六"数也可以迎刃而解。